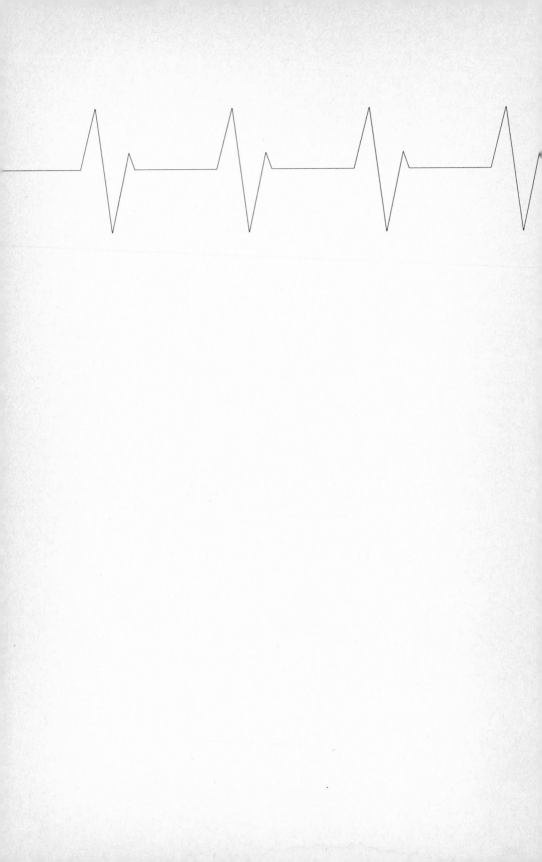

El viaje al amor

Las nuevas claves científicas

El viaje al amor

Las nuevas claves científicas

Eduardo Punset

rayo | Planeta
www.harpercollins.com

Los libros de HarperCollins pueden ser adquiridos para uso educacional, comercial o promocional. Para recibir más información, diríjase a: Special Markets Department, HarperCollins Publishers, 10 East 53rd Street, New York, NY 10022.

Este libro fue publicado originalmente en España en el año 2007 por Ediciones Destino, una división de Grupo Planeta, S. A.

PRIMERA EDICIÓN RAYO, 2007

ISBN: 978-0-06-156543-4
ISBN-10: 0-06-156543-1

07 08 09 10 11 OFF/RRD 10 9 8 7 6 5 4 3 2 1

*A las bacterias, gusanos, ratones
y primates que nos han descubierto
los secretos del amor de los humanos.*

Introducción

Mi primer libro, *La salida de la crisis* (publicado hace más de treinta años), sugirió, por primera vez en España, la tecnología del compromiso entre la ideología socialdemócrata y la liberal. Mi segundo libro se titulaba *La España impertinente*, y en él quise airear, desde el ángulo de la biografía histórica, la visión que teníamos de nuestra sociedad, entonces cerrada, los que no pertenecemos a ninguna cuna ilustre, poder establecido o corriente configurada del pensamiento; aquellos que, literalmente, no pertenecemos a nadie. Después decidí no andarme más por las ramas y siguieron veinticinco años de silencio.

Dediqué este exilio voluntario casi en su totalidad a explorar nuevas fuentes del conocimiento, primordialmente científico, a recorrer países tan olvidados como Kalmukia o Galicia y, sobre todo, a escuchar a la gente en los aeropuertos.

Gradualmente, llegué a la conclusión de que cuando volviera a escribir lo haría sólo sobre cuestiones que atenazan a la gran mayoría. Las minorías están saturadamente servidas y sobrerrepresentadas, mientras que la gran mayoría vive en el desamparo o, lo que es peor, traficando con las recetas que les administran desde el interés supremo y el dogma.

El primer libro de esta trilogía versó sobre la felicidad (*El viaje a la felicidad*, Destino, 2005). En los aeropuertos que he transitado a lo largo de los años, entre laboratorio y laboratorio, descubrí que la felicidad es la ausencia de miedo y que uno de los reductos más seguros donde encontrarla está en la sala de espera de la felicidad.

De nuevo quiero desmenuzar para mis lectores lo que la ciencia ha descubierto sobre otro sentimiento que les ha conmovido desde la cuna y que no cesará de hacerlo mientras vivan: el amor. En las páginas siguientes iremos desgranando la increíble paradoja de una emoción que, evolutivamente, arraigó en los circuitos cerebrales, entre otros, de la recompensa y el placer, con el fin de generar el esplendor necesario para garantizar la perpetuación de la especie, aunque continúa siendo fuente de sufrimientos impensables, de dolores indecibles y hasta de la locura.

Tal vez al lector, a medida que se adentre en *El viaje al amor*, le sorprendan determinadas conclusiones, como que el amor sigue siendo lo que era hace dos mil millones de años (un instinto de supervivencia) o que, al margen del comportamiento de determinados átomos o individuos, se impusiera la monogamia desde tiempo inmemorial. Que el desenlace del amor adulto se fragua en el entorno maternal de la infancia, o que la mente regula la libido femenina en mayor medida que en el hombre. E incluso que podamos evaluar nuestra propia capacidad de amar recurriendo a promedios, estadísticas y encuestas, como se hace en el último capítulo, ayudando así al lector a atisbar su propio futuro.

Siempre será difícil pronosticar lo que hará una persona en una multitud. Lo que quizá podamos saber son los resultados estadísticos del comportamiento promedio. Y ahí hay mucha información valiosa, muchos patrones que nos dejan claro que somos esclavos de leyes físicas que deberíamos conocer.

Coincido con mi amigo el joven filósofo Alain de Botton (nacido en 1969 en Suiza y afincado en Londres) en que deberíamos escribir sobre lo que interesa a todo el mundo; es decir, a la gente de la calle. El impulso biológico de la fusión entre dos organismos ha derivado también en las bases del ejercicio del poder, desde luego sobre la persona amada, pero también del poder destructivo sobre los demás. Al análisis de la radiografía del poder de una persona sobre otra pienso dedicar —si mis lectores tienen a bien acompañarme— el último libro de esta trilogía sobre la felicidad, el amor y el poder. Tres temas que estructuran y conmueven a todo el mundo, se quiera o no. ¿Quién no convendrá conmigo en que, seguramente, ya iba siendo hora de que se recurriera a la ciencia para desentrañar aquello que realmente conmueve a la gente de la calle?

Nueva York, mayo de 2007

Capítulo 1
La lotería genética

Me muero por un segundo a tu lado.
Se me caen encima todas las horas cuando te echo de menos.
¿Me he enamorado o me he vuelto loca?

(Mensaje transcrito del buzón del teléfono móvil de X,
una mujer de 37 años fallecida en un accidente de tráfico.)

Suele ocurrir siempre en torno a los dos años, pero lo cierto es que unos niños empiezan a hablar antes que otros. A algunos se les entiende mejor que al resto, otros tienden a gritar, otros hablan, definitivamente, de forma más pausada. Lejos de establecerse un nexo claro entre su lenguaje y su comportamiento, lo que salta a la vista es que algo mucho más decisivo y previo determina cuándo empiezan a hablar y la manera en que lo hacen: son los genes. Es la lotería genética.

Por primera vez empieza a imponerse una explicación fundamentalmente biológica del comportamiento social y emocional. Falta hacía, sobre todo, en lo referente al amor, emoción que, por fin, se está arrancando del dominio de la moral para asentarla en el de la ciencia.

El equipo de neurólogos encabezado por José Antonio Armario ha demostrado que existen rasgos genéticos o biológicos que diferencian las conductas de unas ratas de otras. Las hay curiosas de nacimiento que se arriesgan a explorar caminos al descubierto, mientras que otras temen a los depredadores y se resisten a salir de los recintos cerrados y protegidos. Los genes determinan la conducta potencial y el entorno puede modelar la práctica del comportamiento.

El amor: es un sentimiento universal que acompaña a todo el mundo de forma constante. Como explicó William James (1842-1910), el fundador de la psicología moderna, nos pasamos la vida buscando el amor del resto del mundo. Y siendo una constante vital, sin embargo, creemos descubrirlo por sorpresa en otros confines, de noche, en escondrijos, en los caminos más insospechados, ocultos y atrabiliarios.

El primer beso

En Vilella Baixa, en la comarca del Priorato, provincia de Tarragona, después de la guerra civil no había mujeres rubias, ni siquiera «rubias de un susto», como tildarían años más tarde a las pocas que se atreviesen a teñirse el pelo. La única excepción era Soledad. Un desamor de juventud la había preservado del huracán del matrimonio en la aldea.

El matrimonio. Un paleontólogo amigo me explicó una vez el origen remoto de la ceremonia nupcial. La continencia sexual, la impaciencia acumulada, sumadas a la prolijidad de los preparativos y la proximidad del desenlace, activaban descargas hormonales tan furiosas que los familiares se veían en la obligación de sosegar los ímpetus irrefrenables del novio y el pánico de la novia mediante la celebración del ritual de la unión. «¡Tranquilos! ¡No pasa nada!»: ése era el motivo y el mensaje de la boda tribal.

Soledad había eludido los peligros del enlace. Treinta años después, con cincuenta años a cuestas, se casó por conveniencia con un anciano emigrante que sólo de vez en cuando regresaba de Estados Unidos a Vilella Baixa. Según la psicología evolutiva —como se verá después—, a los hombres corresponde la función de pregonar sus excelentes características genéticas y a las mujeres la decisión de elegir buenos genes o buenos recursos. Soledad eligió los recursos, en forma de una casa de pueblo que le dio cobijo cuando concluyó su larga y densa etapa laboral.

Era la única casa del pueblo con una pequeña torre, de difícil acceso, que se había construido exclusivamente para disfrutar de las vistas. ¡Qué extraño que a alguien se le ocurriera, en un pueblo pegado a la ladera de una montaña, adornado de olivos y almendros, reservar un espacio privilegiado a un intangible como la vista! Años más tarde aprendí en Manhattan que el precio de los apartamentos dependía de la vista. Tal vez el

El pueblo de Vilella
Baixa desde la lejanía.

anciano emigrante quiso aplicar el mismo criterio de Manhattan a un pueblo al que, si le sobraba algo, eran vistas bellísimas, con o sin torre, sobre el río y la sierra.

Durante treinta años, Soledad domeñó sus emociones. Después de la guerra civil, en muchos pueblos las personas eran contadas, en el sentido literal de que se contaban —se vigilaban y se referían las vidas—, los unos a los otros. Nadie sintió jamás que la ansiedad acelerara los latidos del corazón de Soledad, ni pudo ver que entornara los ojos ante la inminencia de un beso, o que yaciera inmóvil en la cama, con los ojos cerrados del todo, mientras alguien apretujaba sus senos debajo de la bata de andar por casa.

Nadie salvo yo, que, por pura casualidad, coincidí con ella en uno de los raros momentos en que mi casa estaba vacía y ella se encargaba de la cocina y la limpieza. Fue sólo un instante en toda su vida, interrumpido, también inesperadamente —recuerdo el denso silencio de aquel crepúsculo—, al sonar el timbre de la puerta: era mi hermano, que se había olvidado la pelota para jugar en la plaza del pueblo.

En aquel paréntesis hermético e impenetrable quedó mi primera huella de la fusión de dos emociones mudas, de puertas afuera, pero embriagadas de placer de puertas adentro. Los niveles mínimos de cortisol, que suelen bajar al atardecer, no importaban en aquel cuerpo adolescente; mi cuerpo. No hacía falta recurrir a ninguna energía adicional, porque Soledad no ofrecía resistencia alguna a las caricias improvisadas. Había energía más que disponible para que el casi centenar de neuropéptidos responsables de los flujos hormonales activara una digresión ensoñadora, con un vocabulario inconsciente y puramente emocional.

La comunidad científica no descubrió hasta muchos años más tarde, en la década de 1960, los neurotransmisores que impactan al cerebro. ¡Qué extraño! ¿Cómo ha podido sobrevivir la gente que nos ha precedido sin tener ni idea de lo que les pasaba por dentro?

Puede ser, efectivamente, que el amor sea un impulso básico y universal, una constante a lo largo de todas las vidas, pero su primera irrupción en el corazón de los adolescentes suele darse por la vía furtiva, distinta y contenida en las agujas del reloj del tiempo. Sesenta años después, casi he comprendido la clave biológica de aquel acontecimiento, aunque —como dice la psicóloga y escritora Sue Gerhardt— sus cimientos se construyan, sin que nos demos cuenta, durante los nueve meses del embarazo y los dos primeros años de vida. Es entonces cuando se modula el cerebro social y se establecen tanto la forma como los recursos emocionales de una persona. Es genético, sí; pero no únicamente.

Lleva su tiempo admitir —nunca pensé a este respecto en el verbo 'resignarse', porque ello implicaría que la posible alternativa era mejor: ¿mejor en qué?— que no elegí a mis padres, ni la dirección de las fuerzas colosales, más potentes que los movimientos de las capas tectónicas, que iban a desencadenar mis flujos hormonales y, en definitiva, mi carácter potencial para toda la vida.

Ningún padre ha elegido tampoco a sus hijos. Estamos aquí porque alguien sacó de un bombo gigantesco la bola con nuestro número. Pudo ser otro. Y sería distinto (con la sola excepción de un gemelo monocigótico, aunque, incluso en este caso, la epigenética se encargaría de que la expresión de los genes no fuera idéntica). Venimos al mundo gracias a un festival silencioso que escenifican billones de genes desde hace millones de años.

Estamos programados

La vida empieza unas treinta y siete semanas antes del nacimiento con un encuentro fortuito: el de un espermatozoide paterno con un óvulo liberado por uno de los dos ovarios de la madre. Una vez entregado el paquete de instrucciones genéticas al núcleo del óvulo, el espermatozoide se sacrifica como un kamikaze disolviendo su cuerpo y su cola en aquel entorno gelatinoso a medio hacer. En menos de veinticuatro horas, el óvulo fecundado se divide en dos células y su genoma prepara —con un vigor y una precisión increíbles— al nuevo individuo, constituido, por partes casi iguales, de las contribuciones distintas del padre y de la madre.

Ecografía de un feto humano.

Tal como me explicaba el prestigioso ginecólogo Stuart Campbell en su consulta de Londres hace dos años, nunca, a lo largo de toda mi vida posterior, se hizo tanto en tan poco tiempo. En menos de cuatro semanas el embrión adquiere el tamaño de un guisante, pero ya es un humano en el que pueden identificarse los ojos, los riñones, los miembros e incluso el rostro. Y todo esto sin que ningún cerebro previsor dentro o fuera del organismo supervise el proceso; sin que nadie ni nada se entere de cuándo, cómo y por qué está ocurriendo. Es la lotería genética.

La etapa más importante de la vida no roza ni por asomo la conciencia. Todo el proceso de morfogénesis —modelador de las mil bifurcaciones determinantes del futuro ser humano— transcurre en la más absoluta oscuridad del pensamiento. Procesos totalmente inconscientes desarrollan el diseño invisible, según las instrucciones guardadas en el núcleo de las células, hasta conformar el entramado genético de un individuo nuevo.

Sigue siendo un misterio impenetrable la naturaleza de la vibración, aliento, susurro o señal molecular que sirve de pauta a cada célula para que se dirija correctamente, de entre las tres capas del amasijo embrionario, a la que corresponde con su verdadera vocación: el sistema motor del futuro organismo moviente, a su oxigenación o a serenar el pensamiento.

A la luz de esos procesos inconscientes y primordiales, ¿por qué cuesta tanto aceptar, años más tarde, que las decisiones mal llamadas conscientes no son sino la racionalización interesada y *a posteriori* de mecanismos inconscientes? La ciencia moderna está haciendo aflorar hechos incontrovertibles, que cuestionan seriamente muchas de las construcciones intelectuales sobre las que se asientan las reglas de convivencia y los conceptos de responsabilidad jurídica y moral. Está claro que la sociedad debe protegerse de las tropelías de un psicópata asesino que, además, es consciente de lo que está haciendo, pero otra cosa es creer que le servirán los programas racionales de rehabilitación que se aplican al resto de los delincuentes.

Gracias a las técnicas de resonancia magnética se ha podido detectar que los músculos del dedo de una persona, cuando apunta a otra, se ponen en marcha una fracción de segundo antes de que la orden haya sido formulada por el cerebro. ¿Lo intuían de antemano las células del sistema motor? ¿Están la mente y el cuerpo integrados a niveles que antes no se podía imaginar? El ejemplo de la cucaracha que continúa moviendo las patas tras ser decapitada —capacidad que han mantenido algunos vertebrados—, ¿representa el modelo antitético al nuestro, con sus funciones rectoras concentradas en el cerebro, o quizá está marcando una pauta más generalizada y difusa?

Resulta evidente que sólo los procesos automatizados —como la respiración o la digestión— se acercan a la perfección; sobre todo, comparados con los procesos que percibimos como mucho más conscientes, como elegir trabajo o lugar de residencia. En realidad, la historia de la civilización, probablemente, pueda interpretarse como la progresiva automatización de procesos en los campos de la política y de actividades económicas e intelectuales como la agricultura, la industria, la generación de servicios o la propia enseñanza.

No siempre hubo libre albedrío

La vida en el Planeta depende de una biosfera que garantice la diversidad de las especies, pero el progreso depende de la existencia, por encima de ella, de lo que he dado en llamar una tecnosfera que asegure la conversión del conocimiento científico en una red extensa de productos y procesos tecnológicos automatizados. Es lo que nos ha diferenciado de las hormigas, que siguen empotradas en su reducto biológico desde hace sesenta millones de años; es lo que ha permitido que en el Planeta sobrevivan siete mil millones de personas en lugar de unos centenares de miles. En las próximas décadas, no sólo se considerarán delitos los comportamientos resultantes de la insensibilidad y la violencia contra la biosfera y la diversidad de las especies, sino, quizá, también las actitudes de aquellas culturas dogmáticas que supongan un obstáculo insuperable para el desarrollo de la tecnosfera.

La defensa más lúcida de la capacidad de los homínidos para decidir en función de la cultura adquirida —al margen de cualquier automatismo— procede, inesperadamente, del filósofo y neurocientífico esta-

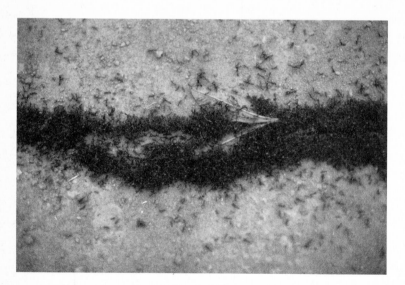

Un hormiguero. «La vida sin tecnosfera sería siempre la misma.»

dounidense Daniel Dennet, uno de los pensadores reduccionistas más originales de los últimos cincuenta años. Dennett, que ha superado no hace mucho un fallo cardiaco que lo dejó inconsciente durante largas horas —«él lo sabe todo de la conciencia», le dije a su mujer, «y nadie mejor que él para recuperarla»—, salva al libre albedrío por los pelos a costa de renunciar al supuesto valor absoluto y permanente del mismo.

El libre albedrío —viene a decir Dennet— es una invención humana efímera, como el dinero, e igualmente supeditada su vigencia a los plazos de vencimiento de la cultura que nutrió a uno y otro. Si Richard Dawkins y Susan Blackmore aceptaran los postulados de Daniel Dennett, al libre albedrío lo meterían en el saco de lo que ellos llaman memes en lugar de genes; es decir, las unidades de transmisión de la herencia cultural.

Este planteamiento es muy distinto de la aproximación más convencional o dogmática según la cual decidimos libremente y, por lo tanto, siempre hemos sido responsables de nuestros actos. Al contrario: el libre albedrío surge en un momento dado como la creación reciente de los humanos. Y puesto que los humanos andan por el Planeta desde hace más de dos millones de años, quiere decir que durante mucho más tiempo han concebido y agotado su existencia sin libre albedrío que con él. Muchos humanos jamás tuvieron la libertad de elegir. De la misma manera que hubo homínidos que no dominaban el lenguaje, hubo generaciones enteras de homínidos anteriores a la aparición de la escritura y de la música que no conocían el libre albedrío.

El punto débil de esa justificación transitoria o sobrevenida del libre albedrío reside en la naturaleza de la información. No toda la información adquirida es relevante o fundada. Es más, la mayor parte del conocimiento genético es irrelevante y —como explicaba en mi libro *Adaptarse a la marea*— la casi totalidad de la cultura adquirida es infundada en un sentido evolutivo. Por lo demás, desde que el paleontólgo Stephen Jay Gould (1941-2002) sugirió, en la perspectiva del tiempo geológico, que «no marchamos hacia algo cada vez más grande y perfecto», ningún otro paleontólogo ha descubierto todavía ningún atisbo de propósito o finalidad en la evolución.

La mera acumulación de información, ya sea genética o adquirida, no tiene por qué conllevar ningún enriquecimiento que agrande el mundo visible e invisible, sobre todo si es irrelevante, infundada o inconexa en el baile generacional que tiene lugar en la perspectiva sin propósito de la evolución.

«La gente hoy día está mejor informada que antes», se oye decir a menudo. «Pues depende del sesgo de la información»: ésa sería la respuesta adecuada.

Caben pocas dudas de que, como organización social, preferiríamos algo menos estricto y más democrático que el sistema de un organismo vivo. Un organismo está excesivamente controlado y no deja margen alguno a ningún tipo de discriminación consciente. Si el alma no fuera otra colección de neuronas robotizadas, organizadas de una manera determinada, podría ser la alternativa al imperio de los procesos automatizados. Otra alternativa sería, efectivamente, una cultura que confiriera —aunque fuera por poco tiempo— la independencia del entramado darwiniano y sus instrucciones subyacentes para «multiplicarse o reproducirse».

La conciencia de los átomos

La verdad es que la inmensa mayoría de la gente ni siquiera necesita de alardes de camuflaje para seguir erre que erre en su obcecación: toda su vida han sido esclavos de una ideología que les ciega y les impide discernir entre la información disponible. ¡Qué difícil resulta descartar la sugerencia de que estamos programados, o lo estamos casi todo el rato!

Consideremos la siguiente prueba experimental, realizada con pollitos de un día en los laboratorios del neurocientífico inglés Steve Rose.

Los pollitos, que sólo tienen un día de vida, deben aprender muy rápidamente lo que sucede en su entorno y por ello son muy precoces: desde que salen del cascarón tienen que encontrar el alimento por sí mismos. No se quedan con el pico abierto esperando a que llegue su madre y les traiga la comida. Tienen que explorar el entorno y lo hacen a base de picotazos, de manera que si en el corral sintético del laboratorio se arrojan bolitas brillantes, a los diez o veinte segundos les están dando picotazos. Si una de las bolitas es amarga, es decir, tiene un sabor desagradable, la picotean una segunda vez, mueven la cabeza y no vuelven a fijarse en una bolita como ésa nunca más. En otras palabras, han aprendido que esa partícula tiene un sabor desagradable.

Ésta es una estrategia de supervivencia y una tarea de aprendizaje muy potente: el comportamiento cambia a partir de esta experiencia única, pero tiene que cambiar algo más para que se produzca una nueva forma de comportamiento, a raíz de una nueva información. Cuando a un animal en proceso de aprendizaje, mediante la información y la comunicación, se le enseña algo que le ayuda a conocer el entorno, también sucede algo —hay un cambio— en las neuronas del cerebro o en su red de sinapsis. Es decir que se produce un cambio físico en la estructura del cerebro.

El descubrimiento —no menos importante que el de un agujero negro en el centro de nuestra galaxia— revela que la memoria se mantiene a pesar de los cambios estructurales que se producen en las relaciones sinápticas o en las propias neuronas. Ningún ordenador podría mantener en orden sus archivos y carpetas sometido a semejante vendaval de cambios continuos en su estructura interna: se estropearía. En términos más generales, lo que sucede con la memoria de los pollitos sucede con todos los cuerpos de los organismos vivos.

Durante el tiempo que el lector ha invertido en recorrer con sus ojos y descifrar con su cerebro las páginas que lleva leídas, cada una de sus moléculas puede haber recorrido muchos miles de kilómetros, y algunas moléculas se habrán roto y resintetizado cientos de veces en un segundo; es más, al menos cincuenta mil millones de células corporales mueren cada día por apoptosis (suicidio celular programado) y son sustituidas por otras nuevas. Y sin embargo seguimos siendo la misma persona. O eso creemos. Sometidos al ciclón de los cambios constantes en el armazón vital, dejamos de ser, muy probablemente, los mismos que éramos. Tomemos nota, de momento, de que la falta de continuidad y permanencia constituye un aliciente adicional para buscar amparo y sosiego en una emoción personal que pueda aportar esas sensaciones.

En este sentido, el amor formaría una especie de red, de estructura que confiere identidad en medio de la inestabilidad orgánica. La gente suele mirarse a través de los ojos. Los enamorados se ven perfectos y se lo transmiten a su pareja. Esta especie de *ego-booster* o refuerzo para el ego forma parte de lo positivo del amor. Recuerdo a un amigo que convivió varios años con su novia hasta que ésta lo dejó. Nunca comentaba nada acerca de aquella ruptura, excepto un día en que me soltó de pronto: «Laura siempre se reía con mis bromas. Le parecían muy divertidas. Luego, poco a poco dejó de reírse. Es tremendo darse cuenta de que la persona que antes te encontraba estupendo ya no te ve como a un tipo divertido, sino ridículo. De repente me sentía idiota».

En psicología, sobre todo en las fases tempranas de la educación, es bien sabida la influencia de las expectativas de los demás en el desarrollo de nuestro carácter. De la misma manera que unas expectativas desmesuradas pueden provocar una respuesta distorsionada en el niño —por ejemplo, en forma de desarreglos alimentarios, tipo bulimia o anorexia—, un niño que convive con expectativas negativas y estresantes («si fueses guapo...», «eres un vago y siempre lo serás», «eres tan cobarde como tu padre») se amolda fácilmente a lo que se espera de él.

Para bien o para mal, los demás, sobre todo durante la pubertad, actúan como espejos en los que nos reflejamos. Esto explica, también, por qué el desamor tiene efectos tan potentes en la psicología de las personas: por un lado «desestructura» y por otro el que es rechazado no se siente digno de ser amado. Es un efecto doblemente negativo.

Añadamos ahora una digresión contemplativa que apunta también a la fragilidad y el desconcierto vitales, y que tuvo lugar en el curso de una conversación en Suiza con Heinrich Rorher, premio Nobel de Física en 1986. La discusión vino a cuento sobre el debate de si las bacterias también tenían conciencia como los humanos. La verdad es que, a veces, al contemplar sus complejas y coordinadas reacciones, resulta difícil no concederles dicho atributo. Y si las bacterias tienen conciencia, ¿por qué no iban a tenerla los átomos?, me preguntaba yo. La respuesta del premio Nobel fue la siguiente: «Ahora siempre diferenciamos netamente entre la inteligencia, la materia viva y la materia inerte. Si vamos más allá, todo está formado por átomos. Probablemente, esa separación no es muy razonable a largo plazo. Quizás en el futuro surja una perspectiva diferente en la que se confundan las tres categorías: la inteligencia, la materia viva y la materia inerte. Y quizás si se confundiera todo en el futuro, se podría tener una transición menos abrupta de una a otra. ¿Quién sabe?».

El lavado de cerebro empieza en la cuna

La comunidad científica —como afirma Douwe Draisma, profesor de teoría e historia de la psicología en la Universidad de Groningen, en los Países Bajos— no ha solventado el misterio de la ausencia total de recuerdos anteriores a los dos años de vida; de haberlo hecho, recordaríamos el aprendizaje exclusivo de un mundo de sólo tres dimensiones espaciales. Nadie puede recordarlo, pero en la cuna debimos aceptar que podíamos gatear «adelante y atrás» —la primera dimensión espacial—; girar «a la derecha o a la izquierda» —la segunda dimensión espacial— y, más tarde, saltar la barandilla de la cuna «de arriba hacia abajo» —la tercera dimensión—. Como eso es lo que vemos, nos quedamos con la idea para toda la vida de que no existen otras dimensiones. «Ojos que no ven, corazón que no siente», dice el refrán. Fisiológicamente, estamos diseñados y entrenados para percibir únicamente tres dimensiones espaciales.

Con el tiempo, claro, somos capaces de añadir otra dimensión que en la cuna no calibrábamos bien: precisamente el tiempo. Gracias a esta cuarta dimensión adquirimos la perspectiva para resolver misterios antaño incomprensibles, como la forma actual de los continentes en el planeta. Sólo recurriendo al tiempo, a mucho tiempo, nos damos cuenta de que las placas tectónicas han ido acercando o separando caprichosamente un continente de otro. O que gracias al transcurso de los últimos seiscientos millones de años resulta menos chocante que nuestros antepasados sean unos organismos multicelulares llamados artrópodos. Con todo, la única constancia que tenemos de la existencia del tiempo es la huella del cambio; con su paso las cosas cambian y por ello nos atrevemos a decir que el tiempo existe.

En lugar de estar atrapados en un universo de cuatro dimensiones —tres espaciales y una temporal, las que percibimos claramente—, los humanos podríamos estar inmersos, en realidad, en un universo de muchas más dimensiones, tal vez once, según algunos físicos, como Lisa Randall, de la Universidad de Harvard. Siete dimensiones adicionales que no somos capaces de percibir. Si nuestro amplio universo es, como podría probarse en la década que viene, tan sólo una minúscula rodaja de un universo de dimensiones desconocidas, de mundos paralelos que nos traspasan sin tocarnos —como en esencia claman las religiones—, se trastocaría profundamente la conciencia de nosotros mismos.

Antes de alcanzar el veredicto sobre los porcentajes respectivos de determinismo y libre albedrío que impactan el alma, ¿hace falta aludir a la tormenta mutacional heredada mientras estábamos en el vientre materno?

Se trata de una tormenta mutacional que afecta a la salud del individuo, a su aspecto —el grado de simetría de su cara o la debilidad de su visión—, a sus sentimientos, a su pensamiento y, en última instancia, a lo que sus congéneres tildarán de fealdad o belleza. Se trata de un número de mutaciones muy superior al de cualquier otra especie, sin que se conozcan todavía a ciencia cierta las razones de nuestra supervivencia, más allá de la depuración ejercida por la selección natural y la diversidad genética aportada por el sistema de reproducción sexual.

Por no elegir, nos está también vedado decidir la hora precisa del sueño o levantarnos al amanecer. Estas decisiones están en manos de los millones de relojes biológicos alojados en las células, programados en función del hemisferio y los meridianos en que les haya tocado vivir. Los ritmos de la vida establecen un mecanismo cerebral para ajustar nuestra fisiología y comportamiento a los requisitos de actividad y descanso del ciclo de la noche y el día.

Como señala el biólogo británico Russell Foster, profesor también del Imperial College, un nadador olímpico puede ganar casi tres segundos al tiempo que necesita para recorrer cien metros si la prueba se efectúa a las seis de la tarde en lugar de las seis de la mañana. Tres segundos suponen, ni más ni menos, que la diferencia entre llegar el primero o el último. Casi todos los grandes desastres tecnológicos como los accidentes nucleares de las islas de las Tres Millas o de Chernóbil tuvieron lugar en el turno de noche, cuando el reloj biológico no sabe o no contesta.

Naturaleza y medio

Más allá de la biología está el entorno en el que a uno le ha tocado por suerte o por desgracia vivir. Mientras los científicos siguen discutiendo si una persona depresiva y violenta termina generando su propio entorno depresivo y violento, o si un entorno amable y sosegado modula comportamientos del mismo estilo, las interacciones entre *nature* y *nurture*, entre lo innato y lo adquirido, están ya ampliamente comprobadas.

El estudio más importante de la psiquiatría biológica de los últimos veinticinco años, encabezado por la neuropsiquiatra norteamericana Yvette Sheline, profesora de la Washington University en San Louis, ha demostrado que la reducción del volumen del hipocampo en mujeres deprimidas es proporcional a la falta de administración de medicamentos. Pero a raíz de esas investigaciones se comprobaron dos cosas igualmente importantes.

Primero, que existe, efectivamente, un gen que codifica una proteína que determina cuánta serotonina fluye entre las neuronas. Como es sabido, la serotonina es un neurotransmisor cerebral que figura en el centro de toda la reflexión sobre la depresión. ¿Quiere esto decir que si se tiene la versión incorrecta del gen se está condenado a sufrir estados depresivos?

No necesariamente. Porque el segundo descubrimiento del estudio citado demuestra que, además de tener la versión incorrecta del gen, hace falta estar expuesto a un entorno estresante durante el crecimiento del individuo. Los genes determinan los potenciales y probabilidades, pero no siempre el destino. Si sirve de consuelo, esto último corre a cargo del entorno, que tampoco lo ha elegido el recién nacido.

Los mongoles y la mancha azul en el coxis

Volvamos al principio de mi historia. Al encuentro fortuito del esperma y el óvulo al que hacía referencia al comienzo de este capítulo había precedido otro encuentro no menos fortuito en el Hospital de Sant Pau de Barcelona entre mi madre, que ejercía allí de enfermera, y mi padre, que estrenaba su flamante título de médico. Venían de dos universos distintos. Castigada la una por la guerra y la orfandad, preservado el otro por la estructura geográfica de un pequeño valle en el corazón de los Pirineos sólo violado —en el sentido literal de la palabra— por las incursiones mongolas en el siglo XIII.

La huella genética de aquellos guerreros llegados a caballo desde el actual Kazajistán ha perdurado hasta nuestros días en forma de una inocente mancha azul en la epidermis que recubre el coxis de la docena de familias supervivientes, cuyos antepasados fueron pasto de las pasiones desenfrenadas de aquellos invasores de pómulos salientes y ojos rasgados.

—Doctor, estamos preocupados por esta mancha azul del bebé. ¿Significa algo? —le pregunté al médico cuando nació nuestra tercera hija, Carolina, en Washington, donde vivíamos entonces.

—¿De dónde vienen ustedes? —contestó el médico con otra pregunta. Y siguió—: Es la mancha genética de los mongoles provocada, dice la leyenda, por macerar la caza con su trasero montando a caballo. Es perfectamente normal; no pasa nada. Simplemente, ¡alguno de sus antepasados fue mongol!

Algunas veces he tratado de imaginar la entrada al galope de aquellos guerreros en la apacible aldea medieval ampurdanesa con su séquito de violaciones y raptos. Otras veces pensaba que a Cistella —el pueblo de mis antepasados— no era fácil llegar ni salir de cualquier manera. Incluso a caballo. Sería lógico que hubieran soltado los caballos en el prado contiguo al cementerio y permanecido unos días recuperando fuerzas por el estrago del accidentado recorrido a través de los Pirineos. Tiempo suficiente para enamorarse de alguna campesina y cobrar algo de sosiego antes de partir de nuevo. Pudo haber amor —historias de amor—

incluso en el más inesperado de los encuentros, por lo demás tan infrecuentes como en una ciudad moderna.

Con toda seguridad, en aquella aldea cristiana y medieval las mujeres acosadas por los mongoles sólo habrían intimado antes con un hombre a lo sumo. Los encuentros individuales, el paraje ideal del amor, eran y siguen siendo raros en los entornos urbanos de ahora mismo. La gente se busca, incluso desesperadamente, a través de Internet. Un físico amigo me explicaba que si arrojáramos al espacio una bola del tamaño de la Tierra, las posibilidades de que chocara con algo serían prácticamente nulas para la eternidad. La aparente densidad de las estrellas es un engaño. El espacio está vacío. Con ese ejemplo quería que me extrañara menos la soledad de la gente aquí abajo, su aislamiento e incomunicación lacerantes.

¿Hay alguien más ahí afuera?

La densidad demográfica, pues, también resulta un engaño. Entre las personas hay tanto vacío como en su interior, en donde la distancia entre un electrón y el núcleo de sus átomos es parecida, en términos proporcionales, a la que separa a la Tierra de la Luna. Fundamentalmente, sólo hay vacío. Y la especie sólo tiene un recurso en forma de emoción para salvarlo: el amor.

—¿Hay alguien más? —susurró, mediante una de las moléculas que actúan como señales y se conocen como autoinductores, la primera bacteria replicante en aquel Universo enfurecido, hace más de tres mil millones de años.

—¿Hay alguien más? —repetiría después, con menos fuerza, porque la intensidad de las señales disminuye cuando no encuentran respuesta.

De poco le habrían servido a aquella bacteria primigenia y primogénita los autoinductores comunicantes, sin otros vecinos que le permitieran coordinar su expresión genética con los demás, ejerciendo así una influencia sobre el comportamiento colectivo. En su desnudez y soledad,

«¿Hay alguien más?»
*Hombre descamisado
sentado en una cama
con pantalones de
color caqui*, pintura de
Eric Dinyer.

esa bacteria portaba ya la vocación indómita de comunicar con otros, tendencia que prefiguraba los futuros organismos multicelulares en un Universo marcado, primero, por las estructuras de la materia y la energía; por el número de enlaces del carbono; por la estructura cambiante y resbaladiza de nuestro cerebro y base molecular; por la inmensidad del vacío que nos rodea, acentuada ahora por la casi certeza de que estamos solos en el Universo, aunque contemos con una fórmula —la ecuación de Drake— para calcular la probabilidad de su existencia; por la tormenta mutacional sufrida como embrión; por la camisa de fuerza de las tres dimensiones espaciales y la del tiempo, que encontramos en la cuna; más tarde, por la hipoteca de los ritmos biológicos y, finalmente, por el comportamiento que imponen los genes y el entorno.

Nunca creí en la oferta a precio de saldo de un mundo programado hasta la mayoría de edad que, de repente, otorgaba un permiso para decidir por nuestra cuenta y riesgo a partir de entonces. ¡Qué gran paradoja sería ese contraste entre lo que ha sido la ley de vida hasta los dieciocho años —cuando la neocorteza, responsable de la programación y disciplina del comportamiento, todavía no ha ultimado su autoconstrucción— y la inmersión súbita y en solitario en un mundo donde se puede elegir libremente todo o casi todo!

Sólo existe una emoción tan aleatoria como el mundo que nos rodea: tan imprevisible y azarosa como el nacimiento; tan cambiante como nuestra fisiología molecular; tan irreprimible como las fuerzas básicas de la naturaleza; tan emblemática del sentimiento de victoria como la música del aria de Puccini *Nessun dorma*; tan responsable de abismos sentimentales como el rostro de un hijo que descubre el asesinato vil y gratuito de su madre. Una emoción desconcertante hecha a nuestra medida que tiene, además, el efecto insospechado de colmar con su aliento todo el inmenso vacío uniendo, como dos moléculas de agua al helarse, a dos seres hasta entonces absolutamente solitarios. Los físicos lo llaman una transición de fase: una reordenación abrupta y espectacular de la materia. Para el común de los mortales es la emoción básica y universal del amor.

Capítulo 2
La fusión irrefrenable con el otro

Yo no sabía nada del amor.
Y he llorado de felicidad.
No existe una palabra que pueda expresar
lo que siento por ti.
Todo se queda vacío. Sólo tú. Sólo tú.

(Mensaje hallado en el móvil de X)

Mucho antes de que lo descubriera la microbiología moderna, una vieja leyenda griega elaborada en el *Banquete* de Platón ya explicaba que los humanos eran al principio criaturas con dos cabezas, cuatro brazos y cuatro piernas. Como castigo por su orgullo, Zeus decidió debilitar a la raza humana partiendo su cuerpo en dos: macho y hembra. A partir de ese día, cada ser incompleto (cada mitad del hermafrodita) anhela reunirse con su otra mitad. En las páginas siguientes el lector descubrirá la versión humana y científica de esta leyenda.

Ha llegado el momento de hablar —a juzgar por los desvaríos que contemplamos y sufrimos en las sociedades modernas— del origen de la ansiedad de la separación de esas dos mitades en busca de fusionarse. Mientras empiezo este capítulo recuerdo la anécdota, seguramente apócrifa, del niño Albert Einstein que, a los tres años y medio, seguía sin hablar. Un día, de repente, en el desayuno, soltó de carrerilla la frase siguiente:

—La leche está ardiendo.

—Pero si tú no hablabas. ¿Por qué no has dicho nada hasta ahora? —exclamaron los padres sin salir de su asombro.

—Porque antes todo estaba en orden y controlado —fue la respuesta del pequeño Einstein.

Albert Einstein
de niño.

Pues bien; las cosas han llegado a un punto tal de descontrol en lo que atañe a los efectos negativos del amor que, efectivamente, es el momento de hablar. Lo primero que importa es descubrir el origen de un sentimiento que conmueve a toda la humanidad. Un sentimiento que somete a un número creciente y desproporcionado de individuos, en su nombre, a sufrimientos indecibles. ¿Se puede —escarbando en los orígenes remotos del amor— dar con la clave del misterio o de la paradoja de un sentimiento que, siendo imprescindible para sobrevivir, provoca, simultáneamente, persecución y muerte?

Un viaje hacia atrás en el tiempo

Ahora pido al lector que se concentre, durante unos minutos, en un viaje en el tiempo, un viaje arqueológico que le dejará atónito. Las excavaciones nunca mienten, tal vez porque no pueden hablar, pero al retroceder en el tiempo geológico constataremos cómo, una tras otra, se pierden en el pasado más cercano primero, y en el más remoto después, todas las habilidades que nos confirieron la condición humana. Incluida el alma. Todas menos una: el amor o el instinto de fusión con otro organismo. Es un viaje hacia atrás, a un pasado lejano que nos va demudando y desnudando de todo lo que parece haber sido siempre nuestro.

Más atrás de los cuatro mil años se pierde el rastro de la escritura. La comunicación entre los hombres es gestual y cimentada en los cinco sentidos. La tradición, puramente oral y pictórica. Ya no hay legados escritos, ni contratos ni testamentos. Todo el mundo se muere con lo que lleva dentro. Sólo quedan los recuerdos intangibles en la memoria de los otros.

Otros cinco mil años hacia el origen y no se tiene la capacidad para producir alimentos, cultivar la tierra ni domesticar animales. Se acabaron los asentamientos gregarios, las enfermedades infecciosas y la pobreza. Desaparecen para siempre las diferencias entre los que trabajan y los que gestionan el excedente de riqueza. Nuestros antecesores deambulan libremente en busca de la caza, dejando la basura y sus muertos en el camino; recuperamos —como dice Juan Luis Arsuaga— «la libertad de movimientos en tanto que encrucijada para la felicidad». En lugar de alimentarse de un solo tipo de cosecha, los humanos se vuelven omnívoros y su estatura aumenta inmediatamente. Una estatura que sus descendientes —debido a la falta de variedad de su alimentación— no han recuperado hasta hace doscientos años.

Si seguimos acompañando a nuestro antecesor en ese viaje arqueológico, dejando atrás la historia de cincuenta mil años, se esfuma el arte. Las mentes complejas y metafóricas, artistas y chamanes, ya no compiten por el amor del sexo opuesto, alardeando de su genio y dominio de los materiales pictóricos en las cuevas. Se deja, en cambio, el campo libre a los expertos en la fuerza bruta y los sistemas naturales.

En algún punto en ese largo camino se inventó el alma. Pero no fue una revelación, sino una intuición nacida de la práctica funeraria. En Israel se descubrieron los restos más antiguos de entierros formales. Fue, muy probablemente, en un lugar como ése donde alguien se preguntó: «¿Qué ha pasado con la parte animada de este cadáver, la que ya no está aquí?». El concepto de alma había surgido a través de la práctica física de crear algún tipo de instalación para los cadáveres; un ritual con los huesos y cuerpos que suscita, accidentalmente, la idea de la otra parte, la que ya no puede verse.

Si retrocedemos dos millones de años nos olvidamos de cómo fabricábamos herramientas. Y si nos vamos todavía más atrás en el tiempo, hasta hace cuatro millones de años, ya no reconoceríamos a nuestros propios antepasados. No sabríamos distinguir a los chimpancés de distintas especies de homínidos descendientes de un progenitor común.

Siguiendo este viaje arqueológico a los orígenes, hasta remontarnos a más de tres mil millones de años —en aquella Tierra ardiente agujereada por incesantes meteoritos—, nuestro antecesor microbiano haría gala de un único atributo reconocible para este viajero singular al tiempo pasado: el impulso de fusión con otro organismo para sobrevivir. Para intercambiar genes, aunque no sirvieran todavía al instinto reproductor. Sólo el precursor del amor estaba en el comienzo de todo. Lo demás era, como se constata en este viaje arqueológico de regreso, perfectamente prescindible.

Para cifrar la edad del amor, hemos debido remontarnos mucho más atrás de la aparición de nuestra propia especie, de los mamíferos y de los reptiles. Nos hemos visto obligados a hurgar en los tiempos remotos de la primera bacteria replicante, hace casi tres mil millones de años. Hace casi dos mil millones, si hablamos de fósiles eucariotas evolucionados como los acritarcas. El origen del amor, al contrario que el alma, hay que rastrearlo en un período de tiempo que nos sobrepasa, incluso en el pensamiento. El amor estaba desde el inicio de la vida simple y compleja.

Si las primeras células —acuciadas por constantes amenazas mortales, hambrunas interminables y accidentes catastróficos— hubieran podido barruntar lo que había al final del camino de su evolución, habrían sospechado o entrevisto la sombra de un organismo con la misma autonomía que las bacterias ancestrales para medrar en cualquier entorno, pero con un poder absoluto. Los cuatro hitos de este poder absoluto de sujeción de todas las veleidades de las partes a los intereses del conjunto fueron el sexo bacteriano para intercambiar genes primero; la unión de dos células y consiguiente formación de organismos multicelulares, después —seguramente, en un proceso de depredación en el que la presa no es digerida—; la manipulación del sexo en tercer lugar; y, por último, el establecimiento de un sistema de vigilancia policíaca que garantizara la supeditación de las partes a los intereses del conjunto.

La fusión metabólica para sobrevivir

Ese recorrido se hizo a regañadientes, dada la imposibilidad con que se enfrentaba cualquier célula para dividirse en dos y moverse al mismo tiempo; ante la alternativa de ser presa de otras, mientras se sumía en el laborioso proceso de división clónica prefirió, lógicamente, optar por unirse a otro núcleo celular con el que repartir las cargas de su oficio.

Es asombrosa esta transparencia de cualquier proceso, por complejo que sea, que permite remontarse a las fuerzas más elementales, como la necesidad de energía o de supervivencia. En el ovillo, al final de la madeja, siempre aparece lo más sencillo y básico para andar por casa, como el miedo, la escasez energética o el impulso emocional.

El personaje capital en esa prehistoria de la humanidad, digno de ser representado en una feroz película de aventuras, son las mitocondrias. Su mejor portavoz científico ha sido, sin duda, el joven, impetuoso y solitario investigador Douglas Wallace, catedrático de la Universidad de California en Irvine y experto conocedor de la genética y el papel evolutivo de esos orgánulos celulares. Hace ya muchos años, cuando le conocí, era, prácticamente, el único en alertar al resto de los mortales de que constituía una temeridad subestimar el papel de las mitocondrias en el origen del amor y la vida primero, y en su prolongación después. Las mitocondrias fueron —si se me permite la comparación— las antecesoras de los primeros emigrantes en pateras que lograron abordar la orilla de una célula o de un continente en beneficio mutuo.

Sorprende que el pasado de seres susceptibles de amar —la emoción más significativa y singular de los organismos complejos— esté plagado de cruentas batallas genéticas. Para las primeras células eucariotas, la posesión de mitocondrias elevó el techo de sus posibilidades de vida. El gran salto adelante de las células eucariotas —con núcleo propio y los orgánulos de las mitocondrias— fue la generación de energía en el interior de la célula mediante un proceso simbiótico que Lynn Margulis explicó en los años sesenta, seguido de otro proceso, la eliminación de radicales libres, que debemos a Douglas Wallace.

«Yo me encargo de la energía y tú del resto.» Esquema de una mitocondria.

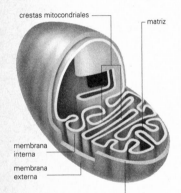

crestas mitocondriales
matriz
membrana interna
membrana externa
espacio intermembranoso

Aprender a respirar el oxígeno que corroía y la búsqueda de ayuda han constituido el pulso de la vida compleja. Las mitocondrias permitieron superar el mundo restringido de las bacterias y alcanzar tamaños más adecuados para sobrevivir. Con el mayor tamaño se accedió a una mayor sofisticación. El impulso hacia una mayor complejidad vino desde dentro y no desde las alturas.

Lo explica de manera muy gráfica Nick Lane, autor del libro *Power, Sex, Suicide*. Si se observan con el microscopio un gramo de carne de hígado de ratón y otro gramo de carne de hígado humano, es muy difícil apreciar las diferencias. Tienen el mismo número de células.

Pero si se mide su actividad —su coeficiente metabólico, es decir, el oxígeno y los nutrientes consumidos por minuto—, resulta que en el caso del ratón es siete veces superior. Los animales grandes tienen un coeficiente metabólico más lento de lo que en teoría les correspondería. Cuanto más grande es el animal, menos necesita consumir por gramo de peso. Un montón de ratas apiladas del tamaño de un elefante consumirían veinte veces más oxígeno y nutrientes que este último.

La mayoría de la gente asimila el amor a un resplandor fugaz que ilumina un ansia de entrega y desprendimiento. El amor sería para ellos una conquista reciente del conocimiento, perfumada de un hálito literario.

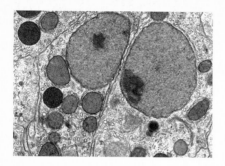

Los homínidos habrían inventado, literalmente, el amor en la época de los trovadores. La segunda paradoja del pensamiento moderno consiste en idealizar el acto de amar como la antítesis del interés individual para sobrevivir o afianzar el poder. El amor constituiría, de acuerdo con el sentir mayoritario, el ejemplo emblemático del desinterés supremo.

Otras células vistas a través de un microscopio; en algunos casos las mitocondrias son claramente discernibles.

La reflexión anterior en torno al viaje al pasado sugiere todo lo contrario. El amor —entendido, pues, como impulso de fusión— es una constante de la existencia, y nunca hubo vida sin amor. Por otra parte, lejos de ser algo extraterrestre, vinculado a la gracia divina, el impulso de fusión es una condición inexcusable para sobrevivir. La vida habría sido distinta para mucha gente si hubieran abordado el amor desde la perspectiva de su permanencia continuada y su naturaleza de resorte para la supervivencia. Obsérvese si no el contraste entre la conversación de una joven pareja que planifica su futuro y la figurada entre una mitocondria y su célula huésped:

—No cuentes conmigo para cuidar de los niños —dice el novio.

—Ni tú conmigo para preparar las comidas —responde la novia.

—Yo me ocupo de que no falte la energía necesaria para hacer todo lo que tengamos que hacer —sugiere la mitocondria.

—De todo el resto me ocupo yo. Trato hecho —contesta la célula.

Otra célula vista al pormenor; nótense las mitocondrias.

Dicho de otro modo, el impulso de fusión avasallador, que cobra la forma de amor obsesivo para garantizar que los organismos opten por la replicación de su especie, no puede desterrar tampoco al acuerdo por consenso, que garantiza la supervivencia mediante una contraprestación de servicios. Ambos componentes, el impulso y el acuerdo, son igualmente básicos.

La pérdida de la inmortalidad

Otro gran hito en el camino a la modernidad fue el secuestro de la línea celular germinal que acantonaría al resto de las células en su actual condición de somáticas, trabajadoras leales y perecederas. En el estatuto de la vida se asignaba en exclusiva la competencia de su perpetuación a las células germinales o, si se quiere, a la sexualidad.

En todos los embriones vertebrados, ciertas células destacan desde el inicio del desarrollo como progenitoras del gameto. Como explican magistralmente Bruce Alberts y Keith Roberts, junto a otros autores, en su libro *Biología molecular de la célula*, esas células germinales primigenias emigran hacia lo que serán más tarde los ovarios en las hembras y los testículos en los machos. Tras un periodo de proliferación clónica gracias a la mitosis, las células germinales son sometidas al proceso de meiosis y se transforman en gametos maduros (óvulos o espermatozoides). La fusión, tras el encuentro del óvulo y el espermatozoide, iniciará la embriogénesis, marcada ya por la individualidad a raíz de la diversidad genética heredada.

No somos plenamente conscientes, ni por consiguiente hemos concedido la suficiente importancia a esa división insospechada de nuestro organismo en células somáticas y perecederas por una parte y en células inmortales de tipo germinal por otra. Es decir que una categoría muy particular de nuestras células —como consecuencia del proceso esbozado antes— sobreviviría eternamente en un cultivo adecuado. Son inmortales.

En los aeropuertos —donde transcurre una parte importante de mi vida y se producen mis encuentros más significativos— la gente me pide, a menudo, que les ayude a despejar el interrogante que más les abruma:

—¿Hay algo después de la muerte? —preguntan—. ¡No es posible que todo termine! ¡Que todo esto no haya servido

«La lotería genética.» Miles de espermatozoides nadando hacia el óvulo.

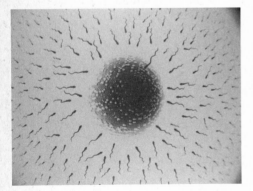

para nada! —insisten—: Usted que ha hablado con tantos científicos, ¿qué piensa?

—No lo sé —les respondo de entrada. Y luego sólo se me ocurre hacer referencia al secuestro incomprensible de las células germinales en la historia de la evolución.

Tal vez la pregunta podría formularse en otros términos:

—Cuando uno se muere, ¿qué es lo que se muere?

Porque los átomos de los que estamos hechos son, prácticamente, eternos y sólo las células somáticas mueren realmente. Las germinales, responsables de la perpetuación de la especie, son inmortales. Cuando sospecho que mi bienintencionada respuesta no les conforta del todo, echo mano de mi último recurso dialéctico:

—A lo mejor, lo único que se muere es nuestra capacidad de alucinar y soñar.

Al final recurro, siempre con ánimo de sosegar, a la fantasía:

—Es gracias a la brevedad de la vida, a su finitud, que los dos, ahora mismo, en este aeropuerto, sentimos intensamente. Si la vida fuera eterna, resultaría muy difícil concentrarse en algo. Ni siquiera notaríamos el esplendor de las puestas de sol.

Finalmente, todo hay que decirlo, no puedo impedir en estos encuentros el recuerdo de un *grafitti* de los años sesenta en el metro de Nueva York, que rezaba *Is there a life before death?*, como si lo único que importara fuera sentir si hay vida antes de la muerte. Y no al revés.

Nunca he tenido la sensación probada de que mis argumentos hayan disipado la ansiedad de mis amables interlocutores. Tal vez porque en algunas de sus células han quedado huellas de la inmortalidad antes de que fuera secuestrada por las células germinales, dando paso así a una nostalgia infinita. Es verdad que el precio pagado por esa especialización celular es singularmente abusivo. Las bacterias, organismos unicelulares que se reproducen subdividiéndose, no mueren nunca. Un clon es idéntico al siguiente y éste al siguiente hasta la eternidad. Sólo las mutaciones aleatorias son responsables de la diversidad. Los organismos multicelulares como nosotros, en cambio, son únicos e irremplazables. Como se verá en el capítulo siguiente —en el que reflexionaremos sobre el sistema de reproducción sexual—, la diversidad y el sexo comportan la individualidad y, por tanto, la muerte.

El suicidio celular programado

Hasta hace muy pocos años se tenía una visión un tanto sonrosada del origen de la vida en la Tierra. Los primeros organismos microbianos —aparecidos entre ochocientos y mil millones de años después de la formación del Planeta— se alimentaban de recursos inorgánicos, aislados en fuentes ardientes de azufre esparcidas por la corteza terrestre, o bien en corrientes hidrotermales en el lecho de los mares, donde formaban ecosistemas puramente procarióticos.

Siempre me intrigaron, a mí y a otros muchos, esos casi mil millones de años silenciosos que se necesitaron para que la vida escenificase su aparición. Es cierto que los científicos han reducido un poco este silencio clamoroso desde la formación del sistema solar, pero sigue siendo sorprendente que durante casi mil millones de años no pasara nada y, de pronto, estallara la vida por todas partes. ¿Tan minuciosos fueron los preparativos y prolegómenos antes de que el azar, microbios llegados de otro planeta en donde la vida ya había cuajado, o la primera reacción químicobiológica de un ARN mensajero atinaran con la vida?

Se trataba de entornos que hoy son singulares pero que eran comunes en los inicios de la vida en la Tierra. Lo único que necesitaban aquellos organismos para vivir, como recuerda Betsy Mason, redactora de la revista *Science*, eran temperaturas muy elevadas, mucho azufre y sal. Prescindían del oxígeno y de la luz. Y de los demás organismos vivos, si los hubiera. Durante un largo tiempo, en aquel escenario bucólico —a pesar de las altas temperaturas, que no les importaban, y de la falta de oxígeno, que no necesitaban— no existían depredadores. La mayoría de los organismos eran autosuficientes.

Quizá nunca sepamos cuánto tiempo duró el reinado de los organismos no depredadores en entornos muy difíciles, ni cuándo les sucedieron, en parajes más asimilables, los organismos que sólo podían vivir consumiendo materia orgánica. Ahora bien, mediante experimentos se ha podido demostrar que las descargas eléctricas diseminadas por los relámpagos, la radiactividad y la luz ultravioleta sintetizaron los elementos de la atmósfera primordial en moléculas de la química biológica, las llamadas moléculas prebióticas como los aminoácidos, los nucleótidos y las proteínas simples. Parece probable que la Tierra estuviese recubierta entonces por un fino y caliente manto de agua y materia orgánica. Con el paso del tiempo, las moléculas se volvieron más complejas y empezaron a colaborar entre sí para iniciar procesos metabólicos.

Ya hemos visto el caso de la unión simbiótica entre bacterias que originó las células con mitocondrias, que habrían permitido a las primeras proveerse de energía. Otras alianzas se consolidaron con células que podían respirar oxígeno sin abrasarse, o con otras que aportaban mayor velocidad a los movimientos y transporte celular. Ya existían, pues, seres vivos que se alimentaban de materia orgánica, pero seguía siendo un mundo relativamente inocente. Tanto más cuanto que las cianobacterias, las algas y, mucho más tarde, las plantas estaban descubriendo el milagro de la fotosíntesis.

Gracias a la fotosíntesis, la tierra, el agua y el fuego quedan conectados por las plantas, los árboles y organismos como las cianobacterias, que controlan un ciclo vital que sólo ellos saben ejecutar. Las hojas de los árboles atrapan los fotones del sol y utilizan su energía para descomponer moléculas de agua en oxígeno e hidrógeno. El primero nos da el aire que respiramos y del que tanto dependemos ahora. Del hidrógeno se obtiene toda la materia de la que están hechos los seres vivos, simplemente combinándolo con dióxido de carbono de la atmósfera y añadiendo un poco de nitrógeno de la tierra recuperado para la biosfera por las bacterias. Si la célula eucariota ancestral era en esencia un depredador de otros organismos, podemos considerar que con la fotosíntesis las plantas dieron el salto de la caza a la agricultura.

Nosotros y nuestros antepasados somos los parásitos de los protagonistas de la fotosíntesis: tenemos que comerlos directamente, o digerir a los animales que se alimentan de plantas para aprovecharnos de este proceso básico. La violencia en la Tierra (como ya expliqué en *El viaje a la felicidad*) apareció el día en que una célula eucariota se comió a una bacteria cien mil veces menor que ella, porque no sabía valerse por sí misma. A partir de entonces todo cambia: al paraíso natural ardiente le sucede un mundo de alimañas dedicadas a la depredación. La vida ya nunca fue igual.

Sabemos, pues, que la vida no empezó de forma tan consecuente y sosegada, con el paraíso terrenal primero —aunque fuera ardiente— convertido más tarde en un infierno para vagos y maleantes. Al parecer podría haber habido pecadores e inocentes desde el mismísimo comienzo. Es decir, organismos heterótrofos que no podían fabricar su propio sustento y que echaban mano de la materia orgánica disponible en la sopa primordial. Gracias al proceso metabólico de estos organismos se emitía CO_2 en la atmósfera que los organismos autótrofos utilizaban, junto a la luz, para producir sus propios alimentos. Es muy probable, pues, que la historia de la vida no haya sido, como se creía, una marcha lenta desde la autosuficiencia hacia actitudes belicosas. Lo bueno y lo malo, la colaboración metabólica y la agresión, el amor y el odio hicieron acto de presencia desde el comienzo.

La manifestación más emblemática del poder absoluto y de los ademanes despóticos nace con la capacidad de adaptarse al entorno, prodigada por la comunidad andante de genes, células y bacterias representada por el cuerpo humano. Por una parte, es estupendo que estemos constituidos por miles de millones de células capaces de colaborar hasta el extremo de encauzar esta reflexión entre el autor y los lectores de su libro. Es el logro increíble de un equipo.

Por otra parte, si se analiza bien, un organismo complejo como el de un cuerpo representa un modelo totalitario sin piedad. Es una dictadura del sistema: no hay un Gran Hermano ni un *Führer*, sino el puro ejercicio del despotismo a nivel celular, impulsando el suicidio de las células ya deterioradas o inservibles, aunque gocen de buena salud. Ésos son los malos. Se da la exclusiva de la perpetuación de la especie a sólo un grupo de células. Las demás son todas perecederas. Y cada ciudadano está completamente dedicado al Estado, que es el cuerpo fisiológico.

Las células de un organismo multicelular como el nuestro constituyen una comunidad extremadamente avanzada. Se controla el número de ciudadanos mediante regulaciones del número de divisiones celulares y de la mortalidad. Cuando alguien sobra, se suicida activando el proceso de muerte celular denominado apoptosis. Es chocante la cantidad de suicidios que experimenta a diario una persona adulta sana: millones y millones de células de la médula espinal y del intestino mueren cada hora a pesar de su buena salud. ¿Para qué sirve tanto suicidio colectivo?

En los tejidos adultos la muerte celular es idéntica al número de subdivisiones celulares, ya que, de otro modo, el cuerpo cambiaría de tamaño. Si a una rata se le extirpa parte del hígado, aumenta enseguida la proliferación celular para compensar la pérdida. Cuando una célula muere de muerte natural se inflama, revienta y contamina a sus vecinas; todo lo contrario de la muerte por apoptosis, en la que la célula se condensa y es fagocitada limpiamente, sin filtraciones de ninguna clase, por los encargados del orden.

Todos los animales contienen la simiente de su propia destrucción, gracias a los agentes que esperan, sin hacer nada, la señal de atacar. No es extraño, pues, que todo el proceso esté sometido a un control riguroso. De una manera u otra, en los organismos multicelulares, aquellas células que ya no son necesarias o representan una amenaza para el organismo son destruidas meticulosamente por medio de suicidios inducidos.

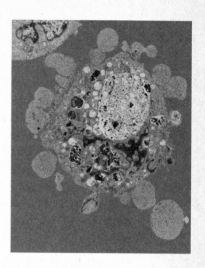

Microfotografía electrónica de la muerte de una célula por apoptosis.

Si nuestro sistema celular parece una organización fascista —pensará más de un lector—, se podría entender que nuestra forma de organizarnos socialmente se decante, a veces, por el despotismo, porque respondería a nuestra estructura biológica más íntima. A una conclusión así sólo podría llegarse olvidando un hecho fundamental en la historia de la evolución, que separa nítidamente la estructura molecular de la estructura social. En la búsqueda por conocer el funcionamiento de las otras comunidades andantes de células, se comienza por interiorizar un proceso que desemboca en la conciencia de uno mismo, el nacimiento de la memoria y el poder consiguiente para interferir consciente o inconscientemente en los demás. El nacimiento de la conciencia de uno mismo, la capacidad de intuir lo que piensa y sufre la otra comunidad andante de células y, en definitiva, la inteligencia confieren la capacidad de interferir y trastocar los reflejos puramente biológicos.

Para ser sincero, al autor le habría gustado relatar lo que he llamado los cuatro grandes hitos en el camino a la complejidad —sexo bacteriano, fusión de dos células, secuestro de la línea germinal y medidas compensatorias de orden y seguridad— de forma espaciada, como habría correspondido en buena lógica. Me habría gustado, pues, que la cronología de la complejidad se hubiese ajustado a lo sugerido, reflejando estructuras cotidianas del pensamiento a las que estamos acostumbrados, como la de que las cosas, cuanto más complejas, más tiempo toman. Pero no fue así. No sucedió de esta manera en absoluto.

La verdad es que las primeras células eucariotas ya habían recorrido todos los grandes hitos a un tiempo: eran el resultado de una fusión para sobrevivir, habían secuestrado a las células germinales separándolas del resto y tenían montado ya el Estado policía. Como dice la bióloga molecular Lynn Margulis, de la Universidad de Amherst, en cuestiones de vida todo estaba inventado hace dos mil millones de años. No ha ocurrido nada nuevo desde entonces. Sucede igual con el amor.

Más de un lector pensará tal vez que el proceso de reflexión que nos ha traído hasta aquí ha sido largo y accidentado, pero la recompensa para los que buscamos por qué aman los humanos es altamente satisfactoria. Antes de adentrarnos en el tercer capítulo ya contamos con un hallazgo fundamental y hasta ahora desconocido para la mayoría: el amor tiene por cimientos la fusión, desde tiempos ancestrales, entre organismos acosados por las necesidades cotidianas, como la respiración o la replicación, empujados por la necesidad de reparar daños irremediables en sus tejidos y sumidos en una búsqueda frenética de protección y seguridad.

Ahora bien, ya podemos entrever que ese instinto de fusión para garantizar la supervivencia no se detiene en los límites del organismo fusionado, sino que irrumpe hacia campos que no son estrictamente necesarios para sobrevivir o garantizar la propia supervivencia. En el impulso de fusión radican también las raíces no sólo del amor, sino del ánimo de dominio sobre el ser querido. Estoy apuntando a un hecho cuyas consecuencias nos costaba imaginar hasta ahora porque se trata, ni más ni menos, que de las bases biológicas del ejercicio del poder destructor.

Estamos identificando, pues, el entramado molecular de un impulso de fusión que ha precedido en el tiempo a todos los demás. Desde sus comienzos, este impulso de fusión obedecía a razones de pura supervivencia encaminadas a romper la soledad que impedía reparar y proteger el propio organismo. Desde sus comienzos también, este impulso sienta las bases del ejercicio del poder que avasalla y destruye. Eso era el amor hace dos mil millones de años. Y, mucho me temo, sigue siendo lo mismo a comienzos del siglo XXI.

Capítulo 3
Aprender a copular para dejar de ser clones

Querido y extraño corazón: ¿quién eres?
Necesito saberlo porque te voy a querer toda la vida.

(Mensaje hallado en el móvil de X)

El día en que Abbey Conan se presentó al concurso para una plaza de trombonista en la Orquesta Filarmónica de Múnich se había decidido que los candidatos tocaran ocultos detrás de una placa de cristal ahumado, porque uno de ellos era familiar de un miembro del jurado. En cuanto sonaron los primeros acordes del único candidato de sexo femenino, escondido como el resto tras el cristal, el director de la orquesta interrumpió la prueba gritando: «¡No hace falta seguir! ¡Ya sé quién ha ganado la plaza!».

Cuando descubrieron que, por vez primera en la historia de la Filarmónica de Múnich, acababan de otorgar la plaza de primer trombón a una mujer intentaron echar marcha atrás, sin resultado.

No es una discriminación de escasa importancia, sino todo lo contrario. ¿Cuáles son las razones de una diferenciación tan elemental —y fundamental en nuestras vidas— como la que existe entre los sexos? ¿Cómo surgió? ¿Por qué motivos? Si no había distinción de sexo en las bacterias, antes de que aparecieran las primeras células eucariotas hace más de dos mil millones de años —las protagonistas actuales de la comunidad andante de células que somos los homínidos—, ¿por qué la hay ahora?

Es el momento de penetrar en la maraña sobrevenida de los sexos. De analizar, primero, las razones biológicas y evolutivas que la sustentan, y después las ventajas (sin duda debía de haberlas, como contrapartida necesaria a una opción tan complicada como la diferenciación sexual). Pero, claro, también implica las serias desventajas mencionadas en el capítulo anterior, como la de renunciar ni más ni menos que a la inmortalidad.

El cerebro tiene sexo

En un sentido muy prosaico y cotidiano, ¿es cierto el tópico de que los hombres se orientan mejor y dan muestras de mayor lucidez a la hora de leer mapas urbanos o geográficos que las mujeres? No es mi caso, desde luego. He vivido permanentemente, quiero decir durante años seguidos, en ciudades como Madrid, Barcelona, Ginebra, París, Burdeos, Bruselas, Estrasburgo, Londres, Washington, Los Angeles y Puerto Príncipe. Digo vivir durante años, no visitarlas con frecuencia. Y me sigo perdiendo en todas ellas.

Es un ejemplo de las enormes dificultades de asignar determinados comportamientos a las diferencias de sexo. No sólo chocamos con múltiples excepciones, sino con factores muy distintos y tan peregrinos como ser netamente más distraído que los demás o manejar el grado de atención para memorizar de distinta forma.

El británico Simon Baron-Cohen, catedrático de psicopatología del desarrollo en la Universidad de Cambridge, es el que ha conferido mayores visos de veracidad a la tesis de que las mujeres barajan el espacio y, por lo tanto, las leyes de la física, con menos soltura que los hombres. Que el cerebro, en definitiva, tiene sexo. Simon Baron-Cohen repite constantemente que sus investigaciones sólo se refieren a promedios; o sea, que nadie intente verificar su hipótesis aduciendo casos individuales.

La hipótesis inicial de Simon Baron-Cohen fue confirmada por Eric R. Kandel, premio Nobel de Medicina (2000) y director del Kavli Institute for Brain Sciences, al descubrir que, en el cerebro de hombres y mujeres, se activan áreas distintas al pensar en el espacio: el hipocampo izquierdo en los hombres y el parietal derecho y la corteza prefrontal derecha en las mujeres. Aceptemos, así, que los enamorados tienen cerebros ligeramente distintos.

Eduardo Punset
conversando
con Eric R. Kandel,
premio Nobel
de Medicina.

Los hombres son mejores desentrañando el funcionamiento de sistemas, sobre todo de objetos inanimados, que son más fácilmente predecibles que los sistemas humanos: mecánico, como una máquina o un ordenador; natural como el clima, del que se intentan descubrir normas o leyes que rijan su funcionamiento; abstracto como las matemáticas o la música; o, por último, un sistema que se pueda coleccionar, como una biblioteca o una serie filatélica.

Si a los hombres les interesan más los sistemas, la empatía es una cualidad de la que están mejor dotadas las mujeres. La empatía es la capacidad de reconocer las emociones y los pensamientos de otra persona, pero también de responder emocionalmente a sus pensamientos y sentimientos. Una de las pruebas efectuadas consiste en utilizar fotografías de rostros y pedirle al observador que identifique la emoción expresada. La prueba puede complicarse mostrando únicamente una parte del rostro, por ejemplo, la zona de alrededor de los ojos. El resultado lo puede adivinar el lector: las mujeres intuyen más fácilmente que los hombres la emoción que trasluce la fotografía del rostro. En promedio, aciertan más las mujeres.

La historia de la evolución tendería a confirmar estos hallazgos en el sentido de que la caza, con su parafernalia de dardos y percepción del espacio, habría seleccionado a los cazadores-recolectores dotados del conocimiento del sistema físico que tal tarea requiere, al tiempo que el cuidado de los niños, asignado al sexo femenino por nuestros antepasados, habría seleccionado aquellos genes dados al reconocimiento de las emociones y estados de ánimo de los demás.

Esto último suponía, en las sociedades primitivas, una ventaja a la hora de cuidar a los niños y de criarlos. Ante un bebé que no puede hablar, hay que utilizar la empatía para imaginar qué necesita. Tener más empatía debió de suponer ser mejores padres: identificar si el niño sufría, estaba triste, tenía hambre, o frío; interpretar sus estados emocionales y cuidarlo mejor. Y cuando un niño está mejor cuidado, sobrevive y perpetúa los genes de sus padres. Así que esto explicaría que la empatía acabara desembocando en una ventaja evolutiva.

Más allá de esos impactos de estructuras cerebrales distintas, se sabe muy poco todavía, como no sea la dificultad de identificar correlaciones entre esas estructuras o el nivel de actividad cerebral y los comportamientos. Las diferencias de sexo son mucho más difusas y oscilantes de lo que a menudo se da a entender porque están en juego, sobre todo, flujos hormonales y químicos no caracterizados, precisamente, por su permanencia o invariabilidad.

Tanto es así que investigaciones muy recientes apuntan a que algunos cambios en las supuestas ventajas o especializaciones de un hemisferio cerebral sobre el otro están relacionadas, temporalmente, con los ciclos menstruales. Lo cual no quita que el mayor grosor en la hembra del llamado cuerpo calloso, la región cerebral que separa los dos hemisferios, le dé una mayor versatilidad que al varón y la posibilidad de atender con más soltura a varios asuntos a la vez.

Se sabe también que las fuertes descargas hormonales que tienen lugar durante el embarazo han marcado diferencias relativas a la orientación sexual y la conducta que tendrá el feto de adulto, pero las pruebas son imprecisas y todavía no concluyentes. La neurocientífica Louann Brizendine, directora de la Women's Mood and Hormone Clinic de la Universidad de California en San Francisco, recuerda que el espacio cerebral reservado a las relaciones sexuales es dos veces y media superior en los hombres que en las mujeres, mientras que en éstas son más numerosos los circuitos cerebrales activados con el oído y las emociones.

Diferencias evolutivas: la neotenia

Las diferencias en la concepción del espacio y la vocación de empatía según los sexos son un tema reiterado en la vida de la pareja. Pero hay otras diferencias defendidas con idéntica pasión. Desmond Morris, zoólogo por la Universidad de Birmingham, filósofo por la Universidad de Oxford y uno de los divulgadores científicos más prestigiosos, identifica las diferencias de sexo no sólo en la diferencia de mentalidad sino en la propia historia de las biologías respectivas.

A lo largo de la evolución, los dos sexos se han caracterizado por la neotenia; es decir, los humanos —al contrario que otros animales— han ido conservando sus rasgos juveniles como el ánimo juguetón y la mentalidad infantil en plena edad adulta. Los dos sexos son un cien por cien más neoténicos que los sexos de otras especies.

Mientras se evolucionaba de una especie a la siguiente, se prolongaba y ralentizaba el desarrollo del cuerpo y la mente, dando más tiempo al crecimiento del cerebro y la inteligencia. Como dijo Ashley Montagu (1905-1999), citado por Matt Ridley en su libro *The Red Queen*: «A Lucy le habría salido el primer molar a los tres años y habría vivido cuarenta, como los chimpancés; mientras que al *Homo erectus*, un millón y medio de años más tarde, no le habría salido ese diente hasta los cinco años y habría vivido casi cincuenta».

Ahora bien, este proceso no se manifiesta igual en las mujeres que en los hombres. En las primeras la mentalidad de chiquilla se ha preservado en menor grado que en los segundos, mientras que sus formas y perfiles físicos han cambiado notablemente a lo largo de la evolución. Los hombres siguen conservando un mayor parecido con el antecesor común de los chimpancés y nuestros antepasados, pero con mentalidades de niño en mayor grado que ellos y las mujeres. Tal vez, gracias a Desmond Morris, nos sea más fácil entender el sentido de algunas trifulcas familiares aparentemente incomprensibles. «Discuten como niños», dicen los vecinos. Y es que, en cierto modo, lo son.

Células germinales distintas

El factor de diferenciación más importante entre los sexos —para muchos científicos, el único absoluto y determinante— es la disparidad de las células germinales: la contraposición entre los numerosísimos espermatozoides de tamaño minúsculo y los escasos óvulos mucho mayores. El carácter de la distinta inversión parental viene fijado por esa diferencia y, desde luego, cuesta imaginar que no haya incidido en las conductas respectivas del hombre y la mujer a lo largo de la vida.

En realidad, parecería consecuente con los procesos biológicos de la reproducción sexual que la desigualdad notable de tamaño en las células germinales fuera la única diferencia absoluta y universal entre los dos géneros. Estas diferencias de tamaño sí han determinado las pautas de la selección sexual y resultaría extraordinario que no hubieran modulado circuitos neurológicos vinculados a la búsqueda de intereses distintos, por una parte, y a comportamientos complementarios por otra.

En los organismos primitivos que se reproducían sexualmente, las células que se fusionaban durante la reproducción sexual tenían el mismo tamaño y podían considerarse tanto donantes como recipientes. Con el tiempo, sin embargo, el tamaño de unas y otras empezó a cambiar, disminuyendo las células donantes y aumentando las recipientes. Así se consuma la diferencia de sexos entre los portadores de las células germinales más pequeñas y móviles (espermatozoides) y los portadores de las células germinales más grandes y selectas (óvulos).

Cuando nuestros gametos alcanzan tamaños distintos, podemos asignarles sexos diferentes. Las hembras producen los gametos más grandes; los machos los más pequeños. Como se decía antes, no hay ninguna otra diferencia entre machos y hembras que sea completamente determinante.

Para el hombre de la calle que considere ese pasado, la consolidación del proceso exclusivo de reproducción de las células germinales, totalmente distinto de las células somáticas, es la respuesta a la primera de las dos preguntas fundamentales que nos hacemos con respecto al origen del sexo: cuándo aparece y cuáles son sus ventajas. Pues bien, hace setecientos millones de años se reafirmó un proceso que consistió, nada más y nada menos, que en la adopción del sistema sexual de reproducción y la aparición de diferencias de género.

Células germinales distintas quiere decir, entre otras muchas cosas, comportamientos sexuales diferenciados. Es dudoso que la intensidad de la atracción sexual no sea la misma en varones y hembras. ¿Qué razón evolutiva podría explicar lo contrario? En la Universidad de Groningen, en los Países Bajos, un equipo de científicos encabezado por el catedrático de neuroanatomía Gerst Holstege acaba de apuntar a una de esas diferencias de género en los comportamientos sexuales. El orgasmo de la mujer requiere, primordialmente, una inhibición casi total de su cerebro emocional; es decir, se produce la desconexión de emociones como el miedo o la ansiedad. Una vez más, nos encontramos con la importancia de la ausencia del miedo para definir la felicidad, la belleza y ahora el placer femenino.

En el varón, en cambio, los niveles de actividad emocional se reducen en menor medida durante la excitación genital y predominan las sensaciones de placer físico vinculadas a esa excitación. Lo que sugiere el experimento, en lenguaje llano, es que para hacer el amor, las mujeres necesitan estar libres de preocupaciones en mayor medida que los hombres. Otra cuestión sería saber si eso cuadra con las demandas respectivas que la sociedad impone a cada género.

El varón compite con otros de su misma especie para recabar los favores de una hembra determinada. A la hembra, en cambio, lo que le importa —por la cuenta que le trae— es no equivocarse en el proceso de selección. Las dos cosas ocurren en edades muy tempranas. Pero el resto de su vida, la seducción es un fenómeno mucho más cultural e indiferenciado que se ejerce en aras de agradar, también, al resto. Sólo así se com-

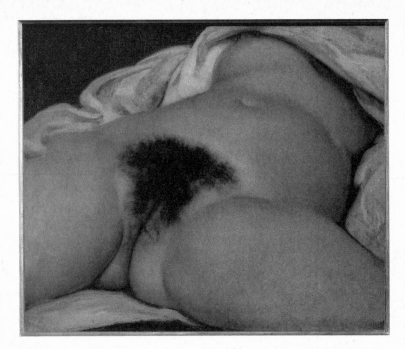

El origen del mundo
(1866), óleo de
Gustave Courbet,
Museo de Orsay,
París.

prende que jóvenes sin pretendiente todavía, o mujeres maduras con el matrimonio bien sellado, se sometan a operaciones de cirugía estética. En el seno de la pareja, los móviles estrictamente sexuales amainan, dando cabida a otros no menos importantes que se analizan más adelante, al hablar de la vida en común. En el contacto social con el resto del mundo, sin embargo, aquellos móviles no pierden en absoluto su vigor.

A estas alturas, el lector se habrá percatado del contraste hasta gracioso entre el análisis moderno de las diferencias de género, fundamentado en la biología, y los relatos aireados por la creatividad literaria en el pasado. Incluso cuando se hacía referencia a lo mismo —órganos reproductivos o células germinales—. Bastará un ejemplo referido a la supuesta obsesión atávica desarrollada por el hombre para contemplar la anatomía íntima de la mujer, la vulva.

Según Nicolas Vedette (1633-1698), «todos nuestros placeres y desgracias que ocurren en el mundo proceden de allí». Frank González-Crussi, catedrático emérito de Patología en la Northwestern University de Chicago, sostiene que la masacre del 17 de julio de 1791 en París, en el Campo de Marte, fue el resultado de la mencionada obsesión por parte de dos pillos, tras una serie de malentendidos entre ellos y una testigo ocular; sumado a la excitación de la muchedumbre presa del fervor de la Revolución francesa.

Otro ejemplo. Uno de los cuadros más sorprendentes del Museo de Orsay, en París, es una pintura de Gustave Courbet (1819-1877) titulada *El origen del mundo*, que representa con pelos y señales el órgano reproductor de la mujer. El chismorreo de la época sugiere que Courbet pintó al natural la vulva de la irlandesa Joanna Hiffernan, novia de su amigo el pintor americano James MacNeill Whistler, acostada en la cama después de hacer el amor. La revelación del cuadro hizo saltar por los aires la amistad entre los dos pintores.

El origen de la reproducción sexual

Decía antes de esta digresión en la literatura y el arte que la segunda cuestión importante relativa al origen del sexo radicaba en identificar qué ventaja evolutiva impuso el sexo como método reproductivo predominante en los organismos más evolucionados. ¿Es más eficaz el sistema actual de reproducción sexual de los mamíferos humanos que los sistemas asexuales?

Parece incomprensible que a estas alturas del desarrollo científico y de la experiencia acumulada por miles de millones de humanos no se sepa, *a ciencia cierta*, ni en qué momento, ni cómo, ni con qué propósito aparecen dos sexos perfectamente diferenciados: macho y hembra.

Para los lectores empeñados en querer saber las cosas *a ciencia cierta* y que todavía abriguen, por ello, huellas de dudas en torno al dilema del sexo, traigo a colación el recuerdo de una visita al Hospital de Puerta de Hierro en Madrid, tras meses de molestias continuadas en el estómago. El médico y la enfermera me esperaban, amablemente, para hacerme una gastroscopia.

—¿Quiere decir, doctor, que van a introducirme un tubo garganta abajo hasta el estómago? —pregunté incrédulo y asustado.

—Es la única manera de saber *a ciencia cierta* —recuerdo perfectamente las palabras del médico— lo que le pasa.

—¿Y para qué quiero yo saber *a ciencia cierta* lo que me pasa en el estómago si, *a ciencia cierta*, no sé absolutamente nada? —fue mi respuesta.

Dudas al margen, cuando se analiza la amplia literatura sobre el origen y la prehistoria de los sexos hay un hecho sorprendente para el observador del siglo XXI: la fuerza arrolladora del instinto de atracción sexual, que lo coloca en el pelotón de cabeza de la lista de instintos primordiales.

Como demostró el biólogo molecular Seymour Benzer, pionero en el estudio de los vínculos entre los instintos genéticos y el comportamiento, y como contara muchos años después Jonathan Weiner en su fascinante libro *Tiempo, amor, memoria: en busca de los orígenes del comportamiento*, una mosca *Drosophila* (la mosca del vinagre) macho, que no haya visto jamás a una mosca hembra, por su condición de mutante ciego, criado en la soledad total de una botella, no se arredra ni un instante para husmear primero, componer una melodía seductora con el vibrar de sus alas después y, finalmente, copular y transmitir genes a una hembra también mutante ciega, recién introducida en su inhóspito recinto. Una vez más, chocamos con un instinto básico y complejo con el que ya se viene al mundo sin la ayuda de ningún manual de aprendizaje.

Ahora bien, muchos organismos unicelulares y algunas plantas y animales se reproducen indefinidamente sin sexo. Existen especies de insectos que se las arreglan con sólo hembras reproductoras por partenogénesis y lo mismo ocurre en algunos peces y reptiles. En las plantas, la reproducción asexual es incluso más común. Mencionemos sólo el diente de león y la alquemila o pie de león, que producen semillas asexuales, o la zarzamora, que se propaga de manera vegetativa, por acodo del tallo en el que se forman raíces adventicias. Hay especies hermafroditas que poseen los dos sexos, con diferentes variaciones. Hay animales que pueden autofecundarse, como la tenia o solitaria. Otros, como los caracoles de tierra, realizan una copulación doble, actuando de macho y de hembra al mismo tiempo. Y existen organismos de sexo cambiante de forma repetida a lo largo de su vida. Huevos que se fertilizan fuera del cuerpo del reproductor; los hay en que el sexo depende de la temperatura a la que se incuban los huevos: hembras, cuando es por debajo de 34 °C y machos si es por encima; en otras especies es exactamente al revés.

Otro científico había descubierto, incluso antes que Seymour Benzer, moscas *Drosophila* mutantes que eran mitad macho y mitad hembra: en la mitad macho tienen un cromosoma X en cada célula, y en la mitad hembra dos. Sin mencionar las especies que sobreviven al margen de la reproducción sexual como las estrellas de mar. Una mirada a la historia de la evolución apunta a una situación en la que el sexo —sin dejar de ser un instinto arrollador— no ha sido nunca un factor contundente e invariable, sino aleatorio y prolijo.

Todo apunta a que hubo que esperar unos mil millones de años más, desde el origen de la vida en la Tierra, para que apareciera un tipo alternativo de reproducción consistente en transferir material genético de dos individuos distintos pero de la misma especie. Las bacterias ya efectuaban algún tipo de intercambio de material genético. Todavía hoy, su forma de practicar el sexo consiste en transferir genes de una bacteria donadora a otra receptora mediante un túnel microscópico hecho a medida; así pueden aumentar el número de las que desarrollan resistencias a ciertos antibióticos. Cambia su genoma, pero no pasa nada. Quiero decir con ello que se trata de una actividad sexual independiente de la reproducción. Al finalizar el proceso, sigue habiendo dos células, aunque en una de ellas ha aumentado la dotación génica.

La reproducción sexual de los organismos multicelulares y complejos como nosotros es un fenómeno muy distinto, porque implica la generación de un individuo nuevo provisto de un material genético diferente al de sus progenitores. El padre y la madre no cambian (por lo menos, no sus genes). La gran novedad es el hijo.

Lo nuestro es muy sofisticado y complejo. Lo de las bacterias es de una sencillez apabullante. Ahora bien, a un microbio, claro, le resulta imposible dejar de ser microbio y ponerse a construir catedrales. Pero las bacterias tienen una ventaja nada desdeñable: sus genes no mueren. Y nosotros, para perpetuarnos, tenemos que tener hijos porque nuestras células —en su mayoría somáticas— mueren.

Se lo ponemos muy difícil a los virus
pero renunciamos a la eternidad

Es muy probable que el acto de copular tal y como lo entendemos hoy también se desarrollara en el periodo en que los primeros artrópodos abandonaron el mar. El medio acuático ya no servía para transportar material genético de unos individuos a otros. Aunque el aire asumió esas funciones en el caso de algunas especies, hubo que inventar mecanismos más seguros y precisos y el mejor incentivo para ello era que generaran placer. Había nacido la reproducción sexual tal y como la entendemos en el mundo moderno.

Una vez identificado el momento de la reproducción sexual, sólo nos queda aludir a sus consecuencias. La mayor diversidad genética, propia de la reproducción sexual, ha facilitado la adaptación de los organismos complejos a entornos extremadamente cambiantes. Genes diseñados para sobrevivir en un entorno determinado estaban condenados a desaparecer cuando cambiaran las circunstancias. Este problema sigue intrigando a los genetistas que estudian las poblaciones, pero ha fraguado un consenso de que la diversidad genética aneja a la reproducción sexual ayuda a una especie a sobrevivir en entornos mutables. Si los padres producen varios individuos con diversas combinaciones genéticas, se incrementan las posibilidades de que, al menos uno de los descendientes, posea el conjunto de características necesarias para la supervivencia.

La mezcla constante de genes distintos en un mismo individuo, la irrupción incesante de nuevo material genético, complicó sobremanera la vida de los parásitos que, a partir de entonces, se enfrentaban a huéspedes desconocidos. Tales son las principales ventajas. No parece muy lógico seguir cuestionando el valor del afianzamiento de la diversidad, ni las pruebas de la relación causa-efecto, aduciendo el coste desmedido de la misma.

La siguiente ventaja de la reproducción sexual no es fácil de sobrestimar. Se trata de incrementar decisivamente el nivel de complejidad y sofisticación de la especie, que desemboca en la creación de individuos diferenciados de los demás. Dejamos de ser clones para transformarnos en individuos únicos e irrepetibles.

Sí hay un coste inconmensurable que, paradójicamente, rara vez se menciona. Superar el mundo de la clonación para acceder al de la individualidad supone aceptar la finitud y la muerte. Como se decía antes, una bacteria que se repite a sí misma no muere nunca. Un individuo único e irrepetible, por definición, no se da dos veces. Tal vez porque han sido protagonistas de los dos universos, sucesivamente, los humanos siguen sin estar del todo reconciliados con la idea de que la creatividad individual y el poder de cruzar fronteras desconocidas tenga que ir aparejado con la muerte. Ahora entiendo, tal vez, por qué la gente me sigue haciendo en los aeropuertos el tipo de preguntas a que me refería en el capítulo anterior y el lector aceptará, quizás mejor, mi tipo de respuesta.

Es en este sentido que antes se mencionaba la complejidad como un objetivo potencial de la evolución si lo tuviera. Las bacterias que carecen de núcleo genético pueden dividirse eternamente pero renuncian a formas de vida más complejas. El precio que pagamos nosotros en aras de una mayor complejidad es aceptar que vamos a morir.

Asombra pensar en el parecido del misterio que acompañaba a la transmutación de materiales hasta comienzos del siglo XX (y su antecedente paracientífico, la alquimia), con el misterio de los procesos de la reproducción sexual en los humanos. Cuando los humanos descubrieron, por fin, la habilidad para crear nuevos materiales inertes, no eran conscientes del secreto que les permitía a ellos crear vidas nuevas. ¿De dónde procede el embrujo del amor materno?

Con toda probabilidad, radica en el alumbramiento, precisamente, del misterio sobrevenido de la transmutación humana. El amor materno se alimenta de la sorpresa incontenible de haber generado en las entrañas, dentro de uno mismo, algo distinto a uno mismo. Es difícil imaginar el mismo sentimiento en una estrella de mar que suelta en el océano una pequeña parte de sí misma para engendrar un clon. ¿Dónde estaría aquí la sorpresa?

Lo anterior referido al enamoramiento explicaría que nadie pudiera enamorarse de un clon de sí mismo. Uno quiere fusionarse con la otra mitad a la que se echa de menos, justamente porque siendo distinta es imprescindible.

Cuando en 1901 los químicos Frederick Soddy (1877-1956) y Ernest Rutherford (1871-1937) descubrieron que del material radiactivo torio emanaba, naturalmente, un gas radiactivo que era un elemento nuevo y distinto, el primero gritó:

—¡Rutherford! ¡Esto es una transmutación en toda regla; el torio se está transmutando en un gas distinto!

—¡Por Dios, no menciones esa palabra, que nos van a cortar el cuello por alquimistas! ¡Ya sabes cómo son!

El miedo de Rutherford —al que se concedió el premio Nobel por este descubrimiento en 1908 (a Soddy se lo concedieron en 1921)— estaba sobradamente justificado. Centenares de miles de alquimistas en los últimos siglos habían dedicado ingentes esfuerzos y sacrificado sus vidas intentando transmutar un elemento como el plomo en materiales nobles, como el oro. Los fracasos milenarios habían generado una desconfianza generalizada en la capacidad de los humanos para interferir con la naturaleza y para crear nuevos materiales. A los alquimistas se les ridiculizaba, cuando no se les condenaba a morir en la hoguera.

Detalle de *El laboratorio de alquimia* (1570) de Giovanni Stradano, Palazzo Vecchio, Florencia.

Es paradójico que, simultáneamente, nadie se hubiera interesado por las transmutaciones que los humanos efectuaban cotidianamente mediante la reproducción sexual, desde hacía millones de años. Al contrario de un organismo clónico, los que son fruto de la diversidad genética constituyen algo nuevo, inédito y absolutamente irrepetible. Una masa de material casi añeja, los padres, genera un individuo joven y totalmente nuevo.

Es absolutamente cierto que, como asegura Graham A. C. Bell, profesor de la Universidad McGill en Montreal, Canadá, el dilema del sexo sigue siendo el mayor de los problemas de la biología evolutiva. Puede que ningún otro fenómeno haya suscitado tanto interés y, desde luego, ninguno ha creado tanta confusión. Las visiones de Charles Darwin (1809-1882), a quien debemos el concepto de evolución, y de Gregor Mendel (1822-1884), que tantos misterios han ayudado a resolver, no han conseguido hasta ahora despejar completamente las incógnitas del misterio básico de la sexualidad.

Portavoces de la corriente de pensamiento llamada creacionista, como Brad Harrub y Bert Thompson, lo han utilizado como arma arrojadiza contra las versiones científicas al uso sobre el origen del sexo y la vida tal y como la conocemos. «¡Sólo una inteligencia superior pudo dar con un mecanismo tan enrevesado y milagroso!», sostienen.

La victoria arrolladora de la reproducción sexual sobre la asexuada es una prueba clara de sus ventajas; de otro modo, no se habría impuesto a lo largo de la evolución. Frente a este instinto arrollador palidece el sistema de reproducción asexuada que consiste en la formación de nuevos individuos a partir de las células de un solo progenitor, sin la formación de un gameto o la fecundación por parte de otro miembro de la especie. Basta un solo progenitor.

Para la comunidad científica en general y para el genetista británico Michael Majerus, de la Universidad de Cambridge, existen pocas dudas de que los primeros organismos en la Tierra se reproducían efectuando copias de sí mismos. Bacterias, algas unicelulares y algunos animales como amebas, esponjas, anémonas de mar o hidras lo siguen haciendo. Como se mencionó antes, muchas plantas, incluidas especies complejas, también se reproducen, total o parcialmente, de forma asexual recurriendo a estolones, rizomas, esquejes o incluso hojas que desarrollan raíces. Si el comienzo de la vida fue microbiana y asexual, es lógico que haya muy pocos organismos de gran tamaño que sean asexuales. Además de la diversidad genética, la reproducción sexual ha hecho posible el salto a mayores tamaños de las especies.

Lo que importa es el impulso de fusión con otro organismo

Abundando en lo que precede, sí está claro hoy que el impulso sexual no sólo no ha estado siempre vinculado al sistema reproductor, sino que estuvo precedido por otro más elemental, más universal, menos maleable y contemporizador. El sexo fue, en realidad, un subproducto del más primordial de todos ellos; me refiero al movimiento de los primeros organismos en aras de la irresistible fusión con otros de la misma condición. Como se apuntaba en los dos capítulos anteriores, la soledad y el vacío pavoroso en un planeta solitario; la ayuda imprescindible para respirar y dividirse; las exigencias del sistema energético; la amenaza potencial de una salud alterada; la protección y la seguridad que sólo se garantizaban cuando el clamor de «todos a una» se configuraba en un organismo complejo y ordenado; todos estos móviles impulsaron, irremediablemente, la búsqueda de otro.

Esa búsqueda ha sido constatada, subliminalmente, por los psicólogos cuando afirman que el amor desdibuja el concepto de uno mismo, amenazando con destruir las barreras que separan a dos seres y, en todas las encuestas efectuadas entre enamorados, la búsqueda de esta fusión prevalece sobre el deseo sexual.

Me alegra constatar que la neurología moderna está a punto de confirmar lo sugerido en el párrafo anterior. Hasta hace muy poco tiempo, en mi caso se trataba de una intuición pura. No podía ser sino una intuición, hasta dar con su reflejo a nivel de los circuitos cerebrales de los pocos mamíferos monógamos como los humanos. La pasión por fundirse con otro, la necesidad de crear vínculos de apego duraderos; el amor, en definitiva, utiliza unos circuitos disponibles en el cerebro similares a aquellos por los que deambula el impulso sexual. Hoy sabemos que el éxtasis y el dolor generado por los vínculos del amor romántico tienen las mismas raíces que el amor materno. Y gracias a ello podemos concebir terapias sugeridas por el segundo para aplicarlas al primero.

El descubrimiento clave es la fusión, con o sin sexo. Es tentador sugerir que el impulso de la fusión se adorna, a partir de un momento dado, con el amor sexual en algunas especies y, mucho más tarde —desarrollada ya la capacidad de imaginar de algunos mamíferos gracias al desarrollo de la parte más evolucionada de su cerebro—, con el amor espiritual. Tal es el planteamiento de la encíclica sobre el amor del Papa Benedicto XIII.

No es probable, sin embargo, que sea adecuado el camino de un dualismo paralelo al famoso error del filósofo Descartes, invalidado por la neurología moderna. La separación de antaño entre la mente y el cerebro —«pienso, luego existo», decía Descartes—, el supuesto abismo entre el cuerpo y el alma, entre la materia y el pensamiento, no encuentra cabida en el análisis de la realidad científica.

Como explica Carl Zimmer, divulgador y redactor científico del *New York Times* y de las revistas *New Scientist* y *Discover*, al indagar en la vida y los milagros del gran científico católico del siglo XVII Thomas Willis, incluso para él mismo estaba claro que el alma estaba en el cerebro. Ése fue su gran descubrimiento. Al afirmar Miguel de Unamuno «Sí, todo lo que es piensa. Soy, luego pienso», prolongaba en el siglo XX el pensamiento de Willis de trescientos años atrás.

Es dudoso, pues, que la transposición del dualismo de antaño a la reflexión sobre el amor —amor sexual y amor espiritual— sea el camino más pródigo en resultados para acercarse a la realidad. Tal vez el método científico aplicado al análisis del amor conlleve partir del concepto básico y ancestral del impulso de fusión que lo define, ubicándolo —como ocurre con la gestión de otras emociones— en la actividad cerebral. Si el alma está en el cerebro, si la conciencia de uno mismo emana de este órgano, sería lógico pensar que también el amor, sexual o no, espiritual o sexual, romántico o apego afectivo, también se aloja allí. Pero ¿en qué circuitos cerebrales en concreto?

A pesar de las limitaciones de los resultados de experimentos efectuados con personas enamoradas, mediante imágenes por resonancia magnética, es comprobable la tesis según la cual el sentimiento de vínculo afectivo y de apego maternal no es distinto del amor. No parece aceptable, como intentan otros investigadores, distinguir entre estos dos sentimientos. En definitiva, estamos hablando de la función biológica que fusiona a dos individuos creando lazos imborrables.

Andreas Bartels, investigador del Instituto Max Planck de Tubinga, Alemania, y Semir Zeki han llevado a cabo diversos estudios del amor maternal mediante técnicas de neuroimagen funcional que permiten visualizar las zonas cerebrales que se activan mientras se está realizando una actividad cognitiva o una operación mental. Bartels y Zeki escanearon los cerebros de algunas madres mientras miraban los rostros de sus bebés. Comprobaron que la mayor parte de aquellas regiones del cerebro humano conocidas por contener receptores de vasopresina y oxitocina se activan tanto con el enamoramiento como con el amor maternal; es decir, que las mismas hormonas están involucradas en el amor romántico y en los vínculos afectivos de los adultos. ¿El amor se convierte con el tiempo en otra cosa? El origen neural y hormonal sigue siendo el mismo.

Como han podido comprobar Tobias Esch del Instituto de Medicina Familiar de la Universidad de Medicina de Berlín y George B. Stefanos, director del Instituto de Investigaciones Neurocientíficas de la Universidad del Estado de Nueva York, el amor romántico y el amor parental coinciden en lo que concierne al sistema nervioso. Ambos comparten la misma neurobiología y un fin evolutivo crucial: la perpetuación de la especie.

El móvil de fusiones entre especies distintas como el antecesor de las mitocondrias y las células, o el inicio de organismos multicelulares, estuvo guiado por idénticas necesidades de sobrevivir. Cada organismo, unicelular o no, buscaba ansiosamente en otros la energía que no tenía, la velocidad que le faltaba, la capacidad para respirar oxígeno letal o la protección frente a la incertidumbre. ¿A dónde quiero llegar con estas premisas? A sugerir algo muy importante que afecta a la vida cotidiana de las parejas. El derroche de entrega y sacrificio que a menudo se baraja en el amor no puede ocultar el claro contraste entre esta visión ofrecida por la literatura y la que perfila la biología. La primera fundamenta el amor en la entrega y el sacrificio. La segunda, en el ánimo de supervivencia.

Capítulo 4
¿Por qué somos como somos?

¡Raquel, te quiero! Vuelvo en julio.

(Texto de una pancarta en el primer partido
de España en el Mundial de fútbol de 2006)

Me extrañaría sobremanera que al final de este capítulo el lector no sacara conclusiones parecidas a las mías, y que anticipo enseguida para no generar falsas expectativas.

Somos una especie de homínidos extremadamente afable. Damos las gracias a perfectos desconocidos, cedemos el paso, simplemente, para dar prioridad a los extraños y, casi siempre, respetamos los pasos de cebra a favor de gentes de otras edades y condición. Las azafatas, las taquilleras, los acomodadores, las dependientas y las empleadas de hotel no dejan de sonreír mucho antes de que nada haya empezado. Ninguna otra especie da señales similares. Desde luego ningún reptil saluda. Entre los mamíferos, los perros, de entrada, ladran a otros perros. Entre los primates, el primero en el escalafón se desahoga dando patadas al último mono. Nosotros, en cambio, somos muy amables.

Ahora bien, ejercemos el poder de manera abyecta. Los chimpancés también pueden matar sin compasión a miembros de la tribu enemiga —como observó consternada en África la paleontóloga Jane Goodall—; eso sí, con una condición: haberse declarado la guerra abierta. A nosotros, sin embargo, nos basta con estar en guerra con nosotros mismos.

Podemos sacar la pistola y agujerear la frente de un balazo no anunciado al cajero de un banco. Podemos disimular, sonriendo a la persona que vamos a enterrar en cal viva dentro de unos instantes. Las instituciones enmascaran el sufrimiento infligido mediante textos legales que convierten en verdaderos laberintos para que los ciegos nunca den con la salida. Si alguien llama la atención sobre el peligro de muerte que puede causar seguir apretando la tuerca, arrojar una colilla o rebasar los límites permitidos de velocidad, pocos se arredran por ello. Hasta que la depresión hunde al que se tortura psicológicamente, el bosque arde aniquilando a especies desprevenidas y miles de personas se tragan el volante por la boca rodeados de niños muertos.

Pero también podemos romper las barreras del espacio y el tiempo. Soñar que volamos como los descendientes de los dinosaurios. Creer en Dios. Amar al prójimo más que a uno mismo. Navegar contra corriente empujados por nuestro caudal de emociones insospechadas. Encontrarnos a fin de año en el lugar preciso que habíamos planeado nosotros y no donde nos habían figurado los demás. A veces, la conciencia planta cara a los genes y decide abandonar a la amada para alistarse en una guerra de salvación nacional. Hemos descubierto por qué brillan las estrellas desmenuzando la naturaleza átomo por átomo, aprendido a combatir el estrés con la acupuntura y, desentrañando neurona a neurona el cerebro, la locura.

Somos contradictorios. Tomados individualmente, del todo impredecibles pero, en agregados, nos comportamos al son de dictados tan irresistibles como las leyes físicas. No es de extrañar que prosiga la búsqueda de por qué somos como somos. Lo que sigue no es sino un exponente impregnado por el pensamiento de paleontólogos y psicólogos evolucionistas. Es la versión más plausible, porque se desprende tras haber profundizado en la concepción geológica del tiempo, en lugar de reflexionar sobre imágenes instantáneas. No son digresiones en torno a arquetipos supuestamente estáticos, sino un testimonio de la evolución de la diversidad que nos ha marcado.

Es cierto que cada nuevo desafío agudiza la inteligencia. Así ocurrió con nuestros antepasados cuando tuvieron que abandonar la selva y adentrarse al descubierto en la sabana africana. Pero mucho peor —o mucho mejor, como se verá— que cualquier sabana es convivir con el prójimo. El mayor desafío con el que se enfrentó el ser humano fue su manía de convivir con otros.

Debemos a Richard D. Alexander, profesor emérito de la Universidad de Michigan, la primera contribución evolutiva a la comprensión de este

Un aeropuerto,
escenario de
tantos encuentros
humanos (y del
autor).

fenómeno. «Sólo los propios humanos podían constituir una amenaza
suficiente —dice Alexander— para explicar el desarrollo de la inteligencia y de la evolución. Cuando el león ataca una manada de gacelas, el peor
enemigo no es el león, sino las gacelas que corren más de prisa.»

Se nos repite constantemente que somos primates sociales. Y es cierto
que, desde hace diez mil años, vivimos apelotonados como en un enjam-
bre. Podemos pasar meses sin hablar con el vecino, pero convivimos con él
y con muchos más en la escalera. La curiosidad, que en muchas especies
constituye un instrumento de supervivencia, en los homínidos puede ser
absolutamente gratuita. Curiosear la vida del vecino sobrepasa el nivel de
la sociabilidad implícita en las sesiones de *grooming*, característica de los
chimpancés. Hay animales tan curiosos como nosotros, pero no tan chis-
mosos.

Soportar a los demás
nos hace más inteligentes

La vorágine social del chismorreo mantiene a la gente en un estado de ansiedad y alerta muy superior al que exigiría el simple ánimo de sobrevivir y reproducirse. La ostentación, tanto como su inversa —«que no se note demasiado»—, obliga a ejercicios mentales cada vez más alambicados para intuir lo que piensan los demás.

La vida social en Manhattan, Nueva York, arroja claros ejemplos, en el contexto de la ultramodernidad, de esos procesos mentales tan alambicados. La liturgia en torno al *dating*, es decir las citas amorosas, sorprende a los recién llegados de otras latitudes menos modernas. El promotor de la cita asume, invariablemente, el coste económico de la primera cena. Hacer el amor es un objetivo que puede anticiparse para la tercera cita. Los dos géneros aceptan que la realización del deseo no tiene por qué estar vinculada al amor. La premura de tiempo, sumada al ritmo acelerado del trabajo y otros compromisos, obligan a la ejecución paralela de varias citas para no retrasar en exceso la necesidad imperiosa de hacer el amor. En todo este proceso, la existencia de un rito con sus procedimientos suaviza las exigencias de lidiar con la búsqueda del placer sexual, pero no libera, por supuesto, de la necesidad de desarrollar la inteligencia social.

La vertiente positiva de este estado de ánimo es un aprendizaje constante de los avatares del dominio social y el desarrollo de la inteligencia. Ningún otro animal sería capaz, por supuesto, de tanto desafío innecesario y continuado para azuzar los mecanismos cerebrales de los demás. En el resto de los animales, la convivencia con humanos sobreexcitados, por grados extremos de sociabilidad, también desembocó en niveles de inteligencia más elevados para ellos.

Nicholas Humphrey da un paso más, aduciendo que la interacción continuada con organismos equipados con habilidades mentales semejantes, cuyas motivaciones pueden ser muy mal intencionadas, genera demandas formidables e imperecederas de profundizar en el conocimiento de las cosas y las personas. El que no se espabila en un entorno así pierde, seguro, la partida. En este sentido, el amor ha sido un estímulo constante para la innovación. Partiendo del puro encontronazo de una mujer y un hombre en un aeropuerto, hace falta cavilar mucho, como acabamos de ver en el contexto de Manhattan, para dar cabida a lo que llamaba antes «una motivación mal intencionada», como la de darse un beso más tarde y hacer el amor.

Algunos primates sociales viven aislados en parejas. Otros, en la más absoluta promiscuidad. Los humanos suelen vivir emparejados, rodeados por infinidad de otras parejas. Es una situación excepcional con relación a otras especies. En un entorno así, resulta imprescindible descifrar lo que está cavilando el cerebro del interlocutor o el vecino. E, invariablemente, las especulaciones giran en torno a conductas discutibles, a las fragilidades o negocios del que está ausente, los sentimientos, la sexualidad, la envidia, la música y el arte.

El lenguaje —que requería un cerebro importante— nunca fue diseñado para entenderse, sino para confundirse. Por lo demás, todavía hoy podemos comprobar que las modalidades del habla, como el tono o el timbre de la voz, equivalen a más del 60% del contenido reflejado en la conversación. Cuando dos rostros pretenden expresarse, la mirada absorbe un 70% del esfuerzo. Y en el amor, es imposible enamorarse sin mirar fijamente a los ojos. El lenguaje corporal y el inconsciente son imprescindibles para barruntar lo que está pasando por la cabeza del otro.

Así llegamos a otra importante contribución evolutiva a los mecanismos del amor. Se la debemos al joven profesor de psicología de la Universidad de Nuevo México Geoffrey Miller, para quien «la neocorteza es, básicamente, un mecanismo para seducir y retener a la pareja sexual: su función específica evolutiva consiste en entretener a los demás y valorar, a su vez, sus intentos de estimularnos». Geoffrey se fija, particularmente, en la música y el arte, construyendo el concepto de entretenimiento como puntal básico de la selección sexual.

Cuando se contempla cómo se desparrama la actual demanda de entretenimiento, no sólo en los periodos de ocio, sino en clase y durante la jornada laboral, resulta difícil cuestionar la tesis de Miller. Que nadie pretenda enseñar sin entretener. De la misma manera que se procura adornar el trabajo puro y duro con una cultura corporativa. Así es más fácil entender por qué somos como somos. Nos cautiva que nos entretengan y nos arranquen de la soledad.

«Eduardo, si pudiéramos tirar una bola del tamaño de la Tierra contra el firmamento —el físico amigo al que me refería en el primer capítulo investigaba en el perímetro de Toronto, Canadá—, las posibilidades de que esa bola chocara con algún otro cuerpo son prácticamente nulas. Las distancias estelares son inconcebibles.»

No obstante, el cielo —como ocurre con un barrio urbano— parece repleto de estrellas. La distancia entre los humanos, a juzgar por el peso de la soledad, también es engañosa. Esta soledad es la base de la demanda creciente de entretenimiento que lo inunda todo y la materia prima de la selección sexual. A pesar de la proximidad, la distancia que separa a unas personas de otras se asemeja a las estelares. Tanto la ostentación unas veces, como los comportamientos recatados o las actitudes defensivas otras, han convertido aquellas distancias en insondables. La contrapartida es una demanda de entretenimiento sin fin que induce a los actores a competir y seducir.

Incordiar al vecino o entretenerle pueden parecer actividades demasiado frívolas en el contexto de la selección natural. El amor, como cualquier otra característica o singularidad de los animales, ha sido mode-

Un pavo real con la cola desplegada, su gran instrumento de seducción.

lado por la selección natural. Es cierto que la selección natural está reñida con lo superfluo y, por ello, cualquier característica inútil saldrá, finalmente, del patrimonio genético. Sin embargo, los seres vivos poseen características que parecen frívolas o decorativas, como ocurre con la cola del pavo real: la cola no le ayuda a volar mejor, o más alto, ni puede ser usada como arma. Más bien lo contrario: la cola majestuosa le convierte en presa más fácil de los depredadores.

Darwin fue el primero en sugerir que el macho o la hembra de una especie pueden adquirir características superfluas si éstas son percibidas como atractivas por el sexo opuesto, ofreciendo así una ventaja sobre los rivales sexuales.

Las razones de la incomprensible inversión parental

Ha llegado el momento de abordar las tres razones evolutivas que están en la base de por qué somos como somos en materia de amor.

Me estoy refiriendo, en primer lugar, al cambio del modo de locomoción de cuadrúpedos arborícolas a bípedos en la sabana africana. Esta novedad mejoró el rendimiento energético del homínido pero disminuyó el tamaño de la pelvis, justo cuando aumentaba el del encéfalo craneal. El tamaño de la pelvis tiene relación con el tamaño de los pies. Este dato explica por qué las mujeres con pies pequeños suelen tener más dificultades a la hora de alumbrar naturalmente. Dado que el bebé descenderá a través del canal del parto y la pelvis, el tamaño de ésta tiene un impacto sobre la potencial facilidad, o dificultad, del alumbramiento. Éste es sólo uno de los factores que tendrá un impacto directo en el nacimiento; también serán importantes la eficacia de las contracciones, la facilidad de dilatación del cuello del útero, el tamaño del bebé y su posición.

No debería sorprendernos que, entre las señales sexuales secundarias desarrolladas a lo largo de la evolución, figuren las nalgas y las caderas bien marcadas, que debían dar la seguridad —la medicina moderna ha demostrado que no es así— de que el feto gozaba de espacio suficiente para moverse y salir. Lo que sigue es un magnífico ejemplo de cómo millones de personas durante millones de años también pueden equivocarse. En otras palabras, la evolución puede imponer comportamientos tan sesgados y equivocados como la conciencia y la razón. La ciencia acaba de dictaminar que no es el tamaño de la cadera lo que determina el espacio disponible para que el feto pueda navegar por el canal del parto, sino la forma y la anchura de la pelvis.

El aumento del tamaño del cerebro, debido a motivos evolutivos, creó un problema práctico importante: los bebés humanos tienen la cabeza tan grande, que pasa con mucha dificultad por el canal de nacimiento. Sólo queda una opción: los bebés humanos nacen doce meses antes de tiempo.

Una criatura prematura es extremadamente vulnerable. Su gran cerebro —que crece a un ritmo fortísimo en los dos primeros años de vida— tiene enormes necesidades metabólicas. Criar niños y prepararlos para que puedan valerse por sí solos es una tarea que supera con creces la capacidad de una sola persona, por mucha entrega que se derroche. El proceso de formación intelectual de niños y jóvenes en la vida moderna no ha hecho más que agravar esta situación. La biología de la indefensión y la dependencia del recién nacido no ha cambiado, pero las tareas necesarias para facilitar su integración en las sociedades modernas requieren mucho más tiempo y esfuerzo.

Recuerdo una conversación con la escritora Susan Blackmore en su casa de Londres. Mientras me exponía con vivacidad y llaneza la supuesta lucha entre los genes —replicantes biológicos— y los memes —replicantes del intelecto concebidos por su admirado maestro Richard Dawkins, a los que ya nos hemos referido en el capítulo 1—, yo caí en la cuenta de que destilar memes en los cerebros de las generaciones jóvenes es mucho más complicado y seguramente menos divertido que transmitir genes.

«¿Sabes? —me dijo Susan Blackmore casi de carrerilla—. Si yo tuviera quince hijos, como podría haberlos tenido hace cien años, no podría haber escrito libros. Así que ésta es una manera de los memes de com-

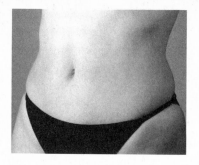 

«No depende de las caderas. Estábamos equivocados.» Una cadera ancha y otra estrecha.

petir con los genes, a través del control de la natalidad, a través de los matrimonios modernos, las ideas modernas de tener sólo dos hijos... ¡Yo tengo dos hijos y ya tengo bastante —¡gracias!—, porque quiero escribir libros!».

En lo que Susan, probablemente, se equivocaba era en creer que reflotar quince hijos en la Edad Media requería mucho más esfuerzo y tiempo que preparar a dos para la vida moderna. Siendo ella escritora, lo lógico sería confiar en que de adultos sus hijos ejercieran una profesión que suscitara un reconocimiento social parecido al que inspira la suya. En todo caso, no inferior. Formar a dos hijos para que puedan ejercer profesiones equivalentes a la de escritor exige esfuerzos meticulosos y prolongados que pasan hoy por la elección de las escuelas adecuadas y la consecución de una plaza, por el aprendizaje de idiomas en el extranjero, la obtención de títulos de posgrado o prácticas en una empresa que suponen aplazar la consecución de un trabajo remunerado, sufragando entretanto los gastos de mantenimiento de los dos hijos hasta que encuentren trabajo.

La inversión parental es ahora clamorosamente mayor y, por lo tanto, no es de extrañar que el amor perdure más allá y rebase con creces el antiguo límite de entre dos y siete años sugerido por la historia de la evolución.

Cuando los poetas, novelistas o historiadores divagan sobre el amor al margen de las consideraciones anteriores, suelen sacar la conclusión de que el amor o el apego afectivo es una verdadera locura, una especie de obnubilación sobrevenida. ¿Qué nos están contando? ¿Que enamorarse es una enfermedad que los psiquiatras comparan con la obsesión compulsiva? Por el contrario, el paso del tiempo muestra que el trastorno amoroso no es una enfermedad que llega y desaparece, sino que está enraizado en una inversión parental ineludible para sobrevivir y perpetuar la especie. Es una ley del comportamiento con una fuerza equivalente a las leyes de la física.

Hace medio millón de años las hembras ya producían un óvulo mucho mayor que el espermatozoide. Las hembras y los machos efectúan un tipo muy distinto de inversión parental. Las primeras pueden, como mucho, producir un hijo al año; tal vez cuatrocientos óvulos en toda la vida. Un hombre, en cambio, podría fecundar miles de hijos al año —tres mil espermatozoides por segundo—, si tuviera mucho éxito y se enfrentara a muchos hombres. De manera que la mujer pone un cuidado especial en discriminar la calidad o la preparación del hombre con que se empareja, mientras que el varón podría elegir a la que fuera, si pudiera seguir emparejándose con otras. La selección natural primó, no obstante, y desde muy pronto, a los genes de los varones que también invertían en sus hijos. ¿Por qué?

Es fácil imaginar que hace medio millón de años las mujeres ya elegían a los varones dotados con buenos genes, fijándose en su apariencia de salud y sabiendo si podrían confiar en ellos para proveer de lo necesario a sus niños. Es fascinante constatar hasta qué punto la hembra es puntillosa y altamente selectiva a la hora de elegir pareja. Esta característica no se da en ninguna otra especie, por lo menos en este grado. En menor medida, también los hombres son extrañamente selectivos. Debe haber razones muy poderosas para que hayan aflorado conductas tan discriminatorias. Las hay y, como se ha visto antes, tienen que ver con el tamaño del cerebro y esa inversión parental. A una hembra o a un macho chimpancé le da igual acostarse con uno que con otra.

Los hombres ya eran particularmente celosos por el miedo inconsciente de que su inversión sirviera para amamantar a los hijos de los demás. Esto favoreció las relaciones de pareja que, con toda probabilidad, caracterizaron ya a las sociedades humanas de cazadores recolectores. La historia de la evolución sentó, pues, desde tiempos remotos, el marco de la pareja para que se explayara y se prolongara el instinto de fusión. Parece innegable que la selección sexual favorecería la perpetuación de aquellos espermatozoides que no se perdieran en encuentros múltiples, aleatorios y, a menudo, infructuosos; que premiara la eficacia implícita de concentrar la atención y el esfuerzo en una sola persona; que garantizara, en definitiva, un mayor porcentaje de aciertos en los intentos reproductivos.

Análisis recientes de dimorfismo sexual en el *Australopithecus afarensis* confirman que los primeros homínidos eran, primordialmente, monógamos. ¿Y por qué los chimpancés o los bonobos no? Antes de contestar esta pregunta conviene abordar la segunda circunstancia capital que explica nuestra fórmula amorosa.

Las ventajas de ovular sin que los demás se den cuenta

Hay una segunda razón evolutiva que está en la base de la trama de la inversión parental. Y se habla muy poco de ella.

Tengo tres hijas y cuatro nietas y me he dado cuenta de que sigo sin saber, a ciencia cierta, qué es la menstruación. Este descubrimiento no tendría más interés que el poner de manifiesto la ignorancia supina sobre el otro sexo en que ha sumido a los hombres un determinado entorno cultural, particularmente acusado en España, si no fuera porque tiene otras implicaciones profundas que escapan a la mayoría de los hombres y, también, de las mujeres. Me refiero a las consecuencias evolutivas del sorprendente proceso —sorprendente cuando se compara con lo que ocurre con muchas otras especies como los primates— de la ovulación oculta.

¿Cómo fidelizar la atención del varón? Con toda seguridad, la ovulación oculta desempeñó un papel primordial. Si el éxito reproductivo requiere constancia, la disponibilidad permanente de la hembra para el amor, sumada a la incertidumbre sobre el momento de la fecundación, hacían de la ovulación oculta la táctica más expeditiva.

En beneficio exclusivo de los lectores de sexo masculino, empezaré por recordar lo que se esconde en las dos fases del ciclo menstrual. En el inicio del ciclo, que se corresponde con las primeras dos semanas después de un período de sangrado, los niveles de estrógenos aumentan y hacen que el endometrio (la capa mucosa que recubre el interior del útero) madure. Los procesos hormonales, principalmente estrógenos, correspondientes a esta fase dan como resultado la maduración de un óvulo en los ovarios. Seguidamente, se produce la ovulación, momento en el que el óvulo se desprende del ovario.

La segunda fase del ciclo menstrual se corresponde con las siguientes dos semanas, aproximadamente, tiempo durante el cual el óvulo se desplaza por las trompas de Falopio hacia el útero. En esta fase interviene la hormona progesterona, que ayuda a preparar el endometrio para el embarazo. Si durante esta segunda fase un espermatozoide fecunda el óvulo, éste se adhiere a la pared del útero y se inicia el embarazo. Si no se fecunda el óvulo, se produce el desprendimiento de la capa superior del endometrio, con el consiguiente sangrado o menstruación.

Produce espanto imaginar el sentimiento de sorpresa de una niña, en tiempos prehistóricos, cuando tenía la regla por primera vez. A juzgar por el conocimiento imperante en la actualidad, era imposible que supiera entonces por qué sangraba de pronto. Aunque una creencia popular errónea le hiciera creer que ocurría siempre en luna llena. Para contrarrestar el terrible engorro de sangrar, algunos casos, a pierna suelta, se consolaría constatando que sus sentidos de la vista y el olfato eran más receptivos y precisos. No era un hecho baladí. Si hubiera podido recapitular al final de su vida la suma de los días aquejada por este contratiempo, le habría salido la cifra espeluznante de siete años sangrando. Han tenido que pasar millones de años para aceptar que ese contratiempo es fuente de vida y regeneración.

Parte de la desorientación actual en torno al comportamiento de la juventud, con sus secuelas de acoso y violencia, tiene que ver con los cambios evolutivos mencionados sobre los que no se reflexiona adecuadamente. La menstruación aparece a edades cada vez más tempranas: entre los once y los trece años, en lugar de a los dieciséis, como unas pocas generaciones atrás. Esta progresión parece haber aminorado después de la década de los setenta. Unido esto a la prolongación del periodo de formación y consecución de la independencia económica, ha provocado un periodo inusualmente largo entre la madurez sexual y la madurez intelectual. Es un nuevo periodo en la historia de las edades que llenan los *teenagers*, con una cultura que han inventado de cuajo y que deja perplejas a las generaciones anteriores. Yo lo llamo el abismo de dos civilizaciones.

La rebelión de la conciencia contra los genes

He mencionado el impacto de la ovulación oculta porque la investigación científica no ha descalificado aquella presunción, aunque desde el análisis filogenético publicado en 1993 por los ecólogos evolutivos Brigitta Sillén-Tullberg, de la Universidad de Estocolmo, y Anders Pape Möller, de la Universidad Pierre y Marie Curie, de París, la secuencia de la relación causa-efecto es más laboriosa de lo pensado. Al parecer, la ovulación oculta se origina en sociedades promiscuas, en lugar de monógamas, y sólo cuando ya se había adoptado la ovulación oculta se cambia a un tipo social de organización monógama. Según esta tesis, la ovulación oculta habría cambiado de objetivos a lo largo del tiempo.

El primate ancestral hembra que prodigaba sus favores en las sociedades promiscuas se aseguraba así de que los machos infanticidas se abstendrían ante la sospecha de que el hijo pudiera ser suyo. Una vez establecida la ovulación oculta con ese propósito, se utilizó para otro: recabar la ayuda de un portador de buenos genes al que se convencía para quedarse, generando en él la casi seguridad de que el recién nacido era suyo, en lugar de la mera sospecha de que tal vez pudiera serlo. Se trata de algo muy común en la biología evolutiva.

Hace medio millón de años nuestros antepasados presos por la aflicción o la suerte del amor tenían más posibilidades que otros miembros de la tribu de que sus genes llegaran a ser mayoritarios en el patrimonio genético. Y la selección natural —movida siempre por los criterios de mayor eficacia— consolidó, lógicamente, el amor pasional de la pareja. La perpetuación de la especie quedaba garantizada en mayor medida cuando surgía el amor que cuando el apetito sexual se desperdigaba en encuentros azarosos y espaciados que podían o no coincidir con los periodos ocultos de ovulación de la hembra.

Es lógico que, a raíz de lo que antecede, el lector se pregunte: ¿por qué al impulso ancestral de fusión con otro organismo hubo que superponer o añadir el del amor? Si durante miles de millones de años bastó el impulso de fusión en busca de ayuda y sosiego, ¿por qué en un momento dado de la evolución surgió el amor? ¿Se trataba de un nuevo cometido que se asignaba a otros mecanismos del sistema emocional? No es probable.

Sencillamente, en los tiempos primordiales de la vida bacteriana y las primeras células eucariotas eran suficientes los encontronazos fortuitos y repetidos. Como se vio en el capítulo 2, el azar bastaba y sobraba para que el impulso de fusión con otros organismos se realizara.

Los canales de comunicación sexual, incluidos los productos químicos como las moléculas señalizadoras llamadas feromonas, podían seguir desempeñando un papel importante en la selección sexual, pero el complicado mecanismo de competencia del macho para que la hembra eligiera, el nacimiento de la conciencia individual en especies como los chimpancés y luego en los homínidos, los periodos de prueba impuestos por las costumbres y los condicionantes organizativos del grupo, ya no permitían que el instinto de fusión fluyera por el cauce del simple y puro encontronazo.

¿Encontronazo? Hace unos diez años, posiblemente más que menos, me dejaba llevar por la cinta transbordadora automática hacia la terminal de salidas internacionales de un aeropuerto. El maletín de ruedas en la mano y la mirada —como la mayoría de pasajeros— en el vacío. En aquel vacío apareció de frente, a diez metros de distancia, como una ráfaga que acercaba el viento, una sonrisa cómplice y embriagadora. A cinco metros —su cinta transportadora iba en dirección opuesta y a idéntica velocidad que la mía— permitía ver la belleza del alma que sustentaba aquel cuerpo de una mujer de unos treinta años.

Meses después realicé mentalmente, varias veces, los cálculos del tiempo disponible en aquel encuentro móvil. Si la velocidad de las cintas fuera de medio metro por segundo —me decía a mí mismo—, dado que ella me partía por la mitad las unidades de tiempo al venir en dirección contraria, el cortejo habría durado un segundo y cuarto. Demasiado poco para que pudieran entrar en juego las feromonas. Debió de ser la percepción de la simetría.

Mis amigos físicos me corrigieron ligeramente los cálculos años después y mis amigos neurólogos tuvieron que aceptar mi tesis de que, al cerebro consciente, salir de su ensimismamiento le cuesta una barbaridad, con lo que debía dar por perdido el tiempo empleado en recorrer los primeros cinco metros cuando me percaté de la sonrisa. No hubo tiempo para dejarse caer en las redes del amor que despliega la evolución.

La consecución de la fusión implica, obviamente, la existencia de un vínculo emocional como el amor. Este último es la adaptación evolutiva del primero pero siguen siendo una y la misma cosa.

Se ha mencionado el nacimiento de la conciencia de sí mismo. Junto al origen del bipedismo y la ovulación oculta caben pocas dudas de que el aflorar de la conciencia, a partir de un momento dado en la historia de la evolución, constituye el tercer hito en el camino que marca nuestro modo de amar. Tal vez ahí radique la razón más importante de que el instinto emocional del amor tenga la fuerza insospechada y arrolladora que tiene en los humanos.

Cuando se habla de conciencia se está aludiendo a la capacidad de interferir con los instintos desde el plano de la razón. Un individuo que tiene conciencia de sí mismo es alguien consciente del poder de sus emociones y de su capacidad —nunca demostrada del todo— para gestionarlas. Un organismo individual de esas características podría, potencialmente, neutralizar su instinto de fusión. Es la supuesta capacidad de los humanos para interferir con el funcionamiento de procesos biológicos perfectamente automatizados. Un adulto consciente podría tomar la decisión de no tener hijos, por ejemplo. Esa capacidad anularía, teóricamente, los fines perseguidos por la selección sexual de perpetuación de la especie. El amor se encarga de eliminar el pensamiento consciente.

La evolución es un proceso ciego, que no puede prever de antemano posibles escollos. La evolución no podía anticipar el hecho de que el nacimiento de la inteligencia permitiría al animal humano sobreponerse a sus instintos —en concreto, al instinto de reproducción—. Resulta evidente, sin embargo, que esta capacidad puede acabar con el desarrollo evolutivo.

Richard Dawkins hablaba en la década de los setenta del «gen egoísta», en el sentido de que para los genes el ser humano era un puro medio de transporte para perpetuarse, sin que tuviera relevancia alguna su felicidad. Sin embargo, la inteligencia sí permite a los seres humanos tener en cuenta su propia felicidad personal. Los humanos tienen el poder de rebelarse contra los dictados de los genes, por ejemplo, cuando se niegan a tener todos los hijos que las hembras podrían alumbrar. Una prueba esplendorosa de que el amor enloquecido constituye la mejor respuesta contra esa eventualidad es la propia vida de Darwin y su relación con el amor de pareja.

Darwin enamorado

Ya avanzada su década de los veinte años, Charles Darwin, un hombre aparentemente tímido y nada romántico, decidió que era hora de considerar la posibilidad de casarse. Como relata el psicólogo clínico británico Frank Tallis, la idea no le entusiasmaba en absoluto. Acababa de regresar de cinco años de libertad total en el *Beagle*, en un viaje alrededor del mundo. En una hoja de papel trazó dos columnas: razones para casarse y razones para no hacerlo. No le costó en absoluto rellenar la segunda columna: tendría menos tiempo para dedicarse a sí mismo, para ir al club de caballeros que frecuentaba, para leer. Darwin añadió en la columna negativa que tendría que perder el tiempo aguantando a los familiares de su futura esposa y que dispondría de menos dinero para sus necesidades. Terminó la columna preguntándose: «¿Cómo podría ocuparme de mis asuntos si cada día me viese obligado a ir a pasear con mi mujer? ¡Oh! No aprendería

«El amor es ciego.»
Charles Darwin
y su esposa Emma,
retratados por
George Richmond.

francés, no viajaría al continente, no iría a América, ni de viaje en globo, ni a caminar en solitario por Gales... pobre esclavo...».

La columna de los beneficios que aportaba el matrimonio le pareció muy difícil de rellenar. Al final sugirió que tener esposa era mejor que «tener un perro». Lo completó con este apunte: «Encantos de la conversación frívola femenina y de la música —cosas buenas para la salud—, pero menuda pérdida de tiempo».

Unos meses más tarde, Darwin se enamoró locamente de su prima Emma Wedgwood. La voz del solterón empedernido se acalló definitivamente; no dormía, estaba desesperado por casarse con su dulce Emma, según recoge la correspondencia que intercambiaron. Su libertad de antaño ya no le importaba; sólo quería estar junto a Emma, que le llenaba de felicidad. «Creo que me vas a humanizar, a enseñar que existe una felicidad mayor que la de tejer teorías y acumular hechos en silencio y soledad.»

El proceso de conversión de soltero escéptico a marido amante siguió tras el matrimonio, que llegó a tener diez hijos. Darwin se alejó de sus actividades anteriores y disfrutó de una vida familiar plena. En las semanas que precedieron a su matrimonio, Darwin apuntó en su diario: «Qué pasa por la mente de un hombre cuando dice que está enamorado... es un sentimiento ciego».

«El amor es ciego» también expresa la naturaleza subconsciente del amor. El amor es, ante todo, un impulso ancestral circunscrito a una parte muy pequeña del cerebro, pero enormemente complejo. Este instinto de fusión con otro organismo influye y se ve influido por el resto del sistema emocional, incluido el interés sexual. Como sentencia Darwin en *La expresión de las emociones en humanos y animales*, existe una clara conexión entre la teoría evolutiva y la psicología. Las emociones pueden comprenderse en función de su fin o utilidad. Se entiende que el amor, la memoria, el lenguaje, la emoción y la consciencia tienen todas una función, que son a su vez el resultado de millones de años de selección natural.

Una vez conocidas y asumidas las razones evolutivas de ese acontecimiento biológico podremos indagar, con cierto conocimiento de causa, en otros interrogantes evidentes: si el amor es también el resultado de la eficacia con que tiende a funcionar la selección natural y la selección sexual, ¿por qué un instinto tan idóneo para garantizar la supervivencia constituye, al mismo tiempo, una fuente sin fin de problemas y sufrimiento? Si están claras las razones evolutivas del amor, ¿por qué su existencia, simultáneamente, complica tanto la vida de la gente?

Capítulo 5
El amor también está en el cerebro

Estoy fatal. ¿Tendrá cura todo esto? Yo no quiero salvarme.

(Mensaje hallado en el móvil de X)

—Nos gusta mucho su relato sobre las funciones de la mente y el cerebro. Pero no sabemos qué título ponerle —me dijo el director de la editorial Aguilar, después de haber estudiado el manuscrito.

—Está clarísimo: *El alma está en el cerebro* —fue, sin dudarlo un instante, mi respuesta.

Estoy convencido de que con el título elegido estaba conectando con las fibras más íntimas, mágicas y desnutridas de los lectores potenciales. El siglo XXI será recordado, sin duda, como el siglo de la ciencia de la mente, pero, entretanto, no sabemos casi nada de esa caja oscura que es el cerebro.

Por supuesto que el alma está en el cerebro, pero también el amor lo segregan sus células nerviosas. El amor es el fruto apasionado y prohibido de tres cerebros no del todo integrados todavía: el de los reptiles y el de los mamíferos, envueltos por la membrana de la neocorteza, de creación más reciente. Al cerebro no le interesa la búsqueda de la verdad, sino sobrevivir. Es su gran destreza. Y si el amor es, desde tiempo inmemorial, el recurso fundamental para sobrevivir, ¿dónde iba a ubicarse, sino en el cerebro? Ningún lector se extrañará, después de haber leído este capítulo, de que el autor lo haya titulado *El amor también está en el cerebro.*

Aunque pocos nieguen que el amor es sano —dada su función biológica de garantizar la supervivencia por la vía del apego y la reproducción—, los médicos y neurobiólogos interesados en la salud de la gente apenas han empezado a explorar los mecanismos que lo sustentan y

Retrato y escena
de *Werther* en
un grabado
del siglo XVIII.

sus consecuencias para la salud. Ya no digamos los escritores, incluidos los más grandes como Goethe.

Toda la trama de *Las desventuras del joven Werther*, el más personal y emotivo de todos sus libros, parte de un error neurológico: la separación entre enamorarse — *to fall in love* o *tomber amoureux*, como dicen, con mayor precisión, los anglosajones o los franceses— y estar enamorado. Siendo dos partes del mismo proceso, el joven Werther estima, o quiere creer, que ambos procesos pueden subsistir por separado.

Su gran amor era Carlota, la prometida de su amigo Albert, a la que conoce en un baile. El amor es fulminante y cada día —con la esperanza de que ella también llegue a quererlo— es un martirio. En casa de Carlota —su amigo está de viaje— dedica horas y horas a platicar y entretener a sus hermanos. Las cartas que escribe a un tal Wilhelm —cuyas respuestas no conoceremos jamás— son un tesoro de la creación literaria y la creatividad de Goethe: «… mis sueños son reales, pero el mundo es un sueño».

El amor, que como se verá a continuación es una fuente de sentido y sosiego, vacía y convierte en algo horrible el mundo de Werther. Enamorarse —nos demuestra hoy la neurobiología— es un paso indispensable para que florezca el amor. Pero son dos cosas distintas y sólo puede consumarse si a la primera fase le sigue la segunda etapa. En el camino a esta etapa había dos vallas que Werther no podía salvar: su propia amistad con Albert y el sentido común de Carlota.

El suicidio del protagonista sí anticipaba, en cambio, un descubrimiento reciente: la conexión entre los efectos específicos que forman parte del concepto neurobiológico del amor por una parte y, por otra, numerosas componentes no específicas e interrelaciones simultáneas del mecanismo amor-placer. El impulso básico de fusión con otro organismo, así como la generación de vínculos profundos de afecto, comparten un amplio entramado de señalizaciones y características fisiológicas del amor romántico o del amor maternal con el amor sexual y otras actividades necesarias para hacer frente al estrés o a la supervivencia. El amor platónico por sí mismo no se sustenta. Esas conexiones desembocaron en el suicidio de Werther.

Lo que los monos nos han enseñado del amor

El amor ha fascinado a la humanidad. Dos personas se conocen y se enamoran. El amor «surge» —uno no hace nada para padecerlo, simplemente ocurre—; el amor nos hace olvidadizos, obsesivos, vulnerables, inseguros, celosos, acelera nuestro pulso, nos puede sumir en la depresión o la euforia. La experiencia del amor se vive como algo irracional, predestinado; deforma la realidad, no obedece a las leyes de la razón y la objetividad.

De algún modo, aflora cierta lógica en ese impulso subconsciente. El amor llega por azar y sería paradójico que pudiera controlarse como se controla una herramienta fabricada por uno mismo. Como dice Alain de Botton, «la ausencia de diseño laborioso y ejecución calculada en el amor lo sitúa fuera de lo que se puede controlar». En su lugar, se produce un poderoso sentimiento que provoca síntomas enfermizos que nublan la razón y quiebran la voluntad.

Es cierto que el amor se apoya sobre dos cimientos que también conforman las enfermedades psicológicas: los recuerdos inconscientes y los mecanismos de defensa. Enamorarse depende en gran medida de nuestras experiencias y de aprendizajes pasados. En este sentido tiene connotaciones de transferencias del pasado. Muchos psicólogos ven en él un retorno a la infancia en el clamor por el ser querido.

El gran especialista en percepción sensorial Ranulfo Romo, neurólogo de la UNAM del Distrito Federal de México, es quien más ha ahondado en el papel de la memoria para analizar la percepción del universo exterior e interior. Tras años de experimentación con monos *rhesus*, Romo ha concluido que sin memoria no hay concepción del mundo. Ni del amor.

Ante un estímulo externo —una mujer muy guapa e inteligente, o un hombre muy esbelto e inteligente—, la parte primordial del cerebro activa una sensación de bienestar. Para que esta sensación se transforme en un sentimiento de amor o una emoción de felicidad hace falta que el pensamiento se ponga a hurgar en la memoria, en busca de datos o recuerdos similares. Es una búsqueda frenética e instantánea en el pasado. Tan es así que —de acuerdo con Ranulfo Romo— no existiría el mundo sin memoria. En cierto modo, todo es pasado. Si la mente no encuentra en la memoria nada que pueda compararse al estímulo externo en belleza, sentimientos o capacidad de amar, entonces nace el amor que fusiona a la pareja.

Cuando el sistema límbico entra en estado de alerta, a raíz de un estímulo amoroso —como dice Louanne Brizendine, algo sabrá de esto la amígdala, que lleva millones de años ponderando en segundos la viabilidad de los flechazos «químicos»—, primero recurre a la memoria.

«Esa mirada fulminante. ¿Hay rastro de ella en la memoria? Nada que pueda comparársele.»

«Ese olor que me embriaga. ¿Hay rastro de él en la memoria? Nunca hubo nada parecido.»

«Esa blancura de dientes. ¿Hay rastro de ella en la memoria? Jamás se ha visto un indicador de salud tan clamoroso como éste.»

«Esos senos simétricos, perfectos. ¿Hay rastro de ellos en la memoria? Ningún indicio de nada que concilie belleza y fertilidad como esos pechos.»

«Salta a la vista su capacidad de amar infinita. ¿Hay rastro de ella en la memoria? Nunca he sentido nada igual.»

Así nace el amor en los monos *rhesus* y en los humanos. Fundamentalmente es pasado. Y sin memoria no existiría. Si prolongamos este proceso mental a sus consecuencias últimas, resulta que son casi alucinantes. Por una parte, se está sugiriendo que la experiencia amorosa más reciente debe superar siempre el umbral de profundidad y complejidad alcanzado por las anteriores. Como ocurre con las drogas, cada vez se requieren dosis mayores para colmar el síndrome de abstinencia.

«Sin memoria
no hay universo.»
El sueño de Jacob
(1639), óleo sobre
lienzo de José
Ribera, Museo del
Prado, Madrid.

Más alucinante todavía resulta la corroboración indirecta de las tesis del neuropsiquiatra Elkhonon Goldberg, catedrático de neurología de la Universidad de Nueva York, al comprobar que el nivel de felicidad aumenta a partir de una edad avanzada. No se trataría, únicamente, de que el paso de los años haya ampliado inusitadamente el archivo de datos y recuerdos para confabular un poder metafórico cada vez más acrecentado —como sugiere Goldberg—, sino que las últimas sensaciones de bienestar, para poder transformarse en sentimientos, habrán requerido experiencias más ricas y complejas que las anteriores.

Los mayores de sesenta y cinco años son más felices —como demuestran las encuestas— por dos razones: el referente al mayor tamaño del archivo que sustenta la capacidad metafórica, así como la inevitable mayor sofisticación de las últimas experiencias amorosas con relación a las primeras. Se diría que enamorarse, además, tiñe de un manto de romanticismo que disimula la crudeza de nuestros instintos sexuales y minimiza nuestra ansiedad, porque no ofende.

Algunos autores, como Peter Kramer, el psiquiatra estadounidense autor de *Escuchando al Prozac* y otros populares libros de autoayuda, cuestionan la condición patológica del amor aludiendo al sosiego y la felicidad que aporta. Pero es difícil negar que cuanto más objetivo se debería ser, en vista de que se está eligiendo alguien estable para perpetuarse, menos se fija uno, de manera consciente, en las características físicas o mentales del ser amado. La paradoja de las paradojas consiste en constatar los límites insospechados del que está enamorado, negando de cuajo cualquier imperfección del ser querido.

Encontrar pareja es tan fundamental para la selección sexual —e incluso para la selección natural— que resultaría sorprendente que la evolución no hubiera previsto un órgano específico para ello, habiéndolo previsto para funciones menos relevantes. El hígado o el riñón garantizan la supervivencia, pero de poco sirve sobrevivir —ése sería el punto de vista de los genes, si tuvieran punto de vista— si no pueden reproducirse y garantizar la inmortalidad de sus instrucciones genéticas. Lo tienen todos los mamíferos, para citar sólo el grupo al que pertenecemos.

¿Cómo no íbamos a contar nosotros con un mecanismo específico que se encargue de suscitar el amor y llevarlo a buen puerto? Tareas tan complejas y decisivas como localizar al otro, discernir su ánimo, su estado reproductivo y su disponibilidad no se podían dejar a la buena de Dios. Hasta fecha muy reciente, no obstante, se negaba el sustento fisiológico y neuronal específico del amor.

El soporte biológico del amor

En el lapso de tiempo comprendido entre hace dos millones y medio de años y hace doscientos cincuenta mil, el volumen total del cerebro, según las estimaciones del biólogo de la Universidad de Harvard E. O. Wilson, se fue expandiendo a razón del equivalente al volumen de una cucharada cada cien mil años. De lo que antecede se deduce que el tamaño del cerebro pudo desempeñar un papel de precursor, pero no ser el factor decisivo del cambio en los humanos. Los inexplicables y largos silencios en la historia de la evolución hay que imputarlos a lo que ocurría o no ocurría dentro del cerebro, a la puesta en marcha de determinados mecanismos cerebrales a raíz de variaciones genéticas a lo largo de la evolución. Desde hace cuarenta mil años, todo o casi todo; antes, nada o casi nada.

El cerebro es un órgano que sirve para reconocer estructuras o formas. Como dice Jeff Hawkins, uno de los ingenieros informáticos más brillantes de Sillicon Valley, inventor de la calculadora Palm Pilot y del teléfono inteligente Treo, el cerebro identifica estructuras que luego almacena en la memoria y a partir de ellas formula predicciones sobre el mundo que le rodea. Lo acabamos de ver con los monos *rhesus* y el amor. Se conoce a alguien o algo cuando se puede predecir sobre ello. Sin reconocimiento de formas es imposible predecir su comportamiento futuro; como decía el neurólogo Richard Gregory, profesor emérito de neuropsicología de la Universidad de Bristol, el cerebro no está para buscar la verdad, sino para hacer predicciones para poder sobrevivir.

Es lógico que el cerebro deteste equivocarse, porque equivale a haber confundido desde el inicio una forma por otra, cometido un error en el proceso de almacenamiento y recuperación del recuerdo, fallado en la predicción consiguiente o las tres cosas a la vez. Estos errores pueden costarle la vida al organismo que sustenta y, por lo tanto, no tiene nada de extraño que el sistema límbico haya previsto reacciones encolerizadas que escapan al control de la razón.

Es difícil sobrestimar la trascendencia de esa capacidad predictiva del cerebro. A través de esta función nos imbricamos con el resto del mundo. El proceso de búsqueda del placer o de evitar el castigo que puede comportar un estímulo exterior constituye un mecanismo para predecir el margen de error; sólo así el cerebro aprende cómo funciona la mente de los demás. Es la herramienta fundamental a la que recurre el cerebro para conocer y sumergirse en el mundo que está fuera de nuestra mente. Lo de menos es la recompensa o el castigo; lo importante es el conocimiento que se deriva de esa predicción.

Como se verá en el capítulo siguiente a través de un ejemplo concreto de predicción fallida —el aplazamiento inesperado del regreso del ser amado a la habitación de un hotel en Nueva York—, el castigo transitorio de su ausencia tuvo mucha menos trascendencia que el aprendizaje derivado de la predicción no cumplida; gracias a ella, la mente profundizó en el conocimiento de la mente de la pareja, corrigió las bases de partida de la predicción en el futuro y sacó conclusiones, como se verá, irreversibles.

Ese descubrimiento reciente del funcionamiento de la mente —que debemos al equipo dirigido por el neurólogo británico Chris Fritz— tiene una importancia decisiva en el amor, raramente aprehendida por el subconsciente de los amantes. Sigamos con el ejemplo que acabamos de enunciar.

La protagonista es una persona, como se verá en los dos capítulos siguientes, harto acostumbrada a manipular el circuito cerebral de la motivación y la recompensa para conseguir sus propósitos. Jugando con la perspectiva de la recompensa sexual o la amenaza medida del rechazo casual, los pretendientes terminan ejecutando fielmente la conducta inducida.

La seducción de la recompensa o el temor al castigo al final del trayecto son tan arrolladores para los mamíferos, incluso para nosotros, los homínidos, que los manipuladores del deseo no suelen percatarse de que, siendo importante, la recompensa y el castigo no son el final de la historia, sino apenas su comienzo. Lo esencial para el cerebro —particularmente el de los homínidos— es el aprendizaje vinculado al análisis del grado de error en la predicción efectuada por la mente.

La protagonista de esa historia de amor no cayó en la cuenta de que, en contra de todas las apariencias, el circuito cerebral para la recompensa se perfila como el pilar fundamental de la mente para aprender a sobrevivir e interactuar con el resto. Y eso no se consigue midiendo la intensidad del placer o del dolor provocado, sino el grado de error en la predicción cerebral y, cuando lo hay, señalando el consiguiente cambio de rumbo.

Helen Fisher, antropóloga de la Universidad de Rutgers, Nueva Jersey, Estados Unidos, colaboró con psicólogos, neurólogos y estadísticos para interpretar los datos resultantes de imágenes por resonancia magnética funcional (IRMF) tomadas en Nueva York a personas locamente enamoradas. Compararon esas imágenes con las de personas «normales». Los resultados coincidían bastante con los obtenidos poco antes por Andreas Bartels y Semir Zeki en el Reino Unido en el estudio mencionado en el capítulo 3. En los dos experimentos se activaban zonas neuronales del llamado núcleo caudado y en las personas que llevaban dos años o más enamoradas —no en las otras— se activaban también la corteza cingulada anterior y la corteza insular. Como admite la propia Helen Fisher, no sabemos qué indica esto exactamente.

El núcleo caudado es una región extensa en forma de «C» adscrita al cerebro reptiliano formado mucho antes, más de sesenta millones de años, de que se originara el cerebro de los mamíferos. Ahora sabemos que el caudado es parte integrante del sistema de recompensa del cerebro: la red neuronal que controla las sensaciones de placer, la excitación sexual y la motivación para conseguir recompensas; que planifica, en definitiva, los movimientos específicos para obtenerlas.

Como ya señaló Whittier en la década pasada, la circunvalación cingulada anterior es una región en la que interaccionan las emociones, la atención y la memoria relacionada con el trabajo. En cuanto a la corteza insular, recoge los datos procedentes del tacto y la temperatura externa. Contactos de la piel mediante caricias entre personas han revelado la existencia de un tacto límbico que activa directamente la ínsula, generando sentimientos de placer, al margen de la corteza somatosensorial.

«¿Y qué?», se preguntará, lógicamente, el lector. La verdad es que las imágenes de resonancia magnética de las personas locamente enamoradas todavía no nos dejan descifrar la sustancia cerebral del amor. Con toda probabilidad, habrá que escrutar en los genes del comportamiento, suponiendo que existan, o en los receptores de determinadas hormonas que puedan escapar a las exploraciones por resonancia magnética. Pero no tiene sentido desesperarse, porque estamos rozando el descubrimiento de una clave insospechada.

El gen amoroso en la mosca del vinagre y los ratones de la pradera

Recientemente, la comunidad científica ha dado un paso de gigante en el viaje hacia el amor al descubrir, por primera vez, genes del comportamiento en animales que pueden explicar el impulso de fusión en una

Un ejemplar de ratón de la pradera.

pareja. Se está apuntando, pues, a las bases biológicas de la unión entre dos individuos.

Los especialistas en genética han dedicado muchas horas a disipar cualquier ilusión de que un solo gen pueda ser responsable de enfermedades determinadas, salvo en contadas ocasiones. No es nada extraño que, en esas circunstancias, mostraran enormes reticencias no sólo a admitir sino a investigar que un gen, en particular, pudiera ser el único responsable, no ya de una enfermedad, sino de un comportamiento social.

En distintos laboratorios que investigan el comportamiento de animales como los nemátodos, las moscas y los ratones, se han identificado una treintena de esos genes del comportamiento. Tenemos, pues, genes del comportamiento por una parte; receptores de hormonas muy específicas como la vasopresina y la oxitocina que proliferan en la región del núcleo caudado y, finalmente, la influencia del ambiente: la rata que lame con frecuencia al hijo lo convierte en un individuo más amable y seguro de sí mismo. ¡Un toque de atención para las madres poco pródigas en besos y caricias! Vamos a examinar los dos primeros factores detenidamente.

El autor indiscutible del guión de la película que explica el suceso milenario y repetido del amor ha sido un ratón; un ratón de la pradera de cuyo nombre ya nadie se acuerda, a pesar del poco tiempo transcurrido. La noticia la dio el laboratorio de la profesora de biología molecular y celular Catherine Dulac, del Howard Hughes Medical Institute, en Chevy Chase, Maryland. Se trata de un ratón que es incapaz de detectar la identidad sexual de los individuos de su misma especie después de extraerle el gen que determina la molécula reguladora TRPC2.

Se sabía que un gen del comportamiento en el macho del ratón de la pradera era el responsable del vínculo de fidelidad en la pareja, así como de su buena inversión parental. Como dice Sue Carter, profesora de psicología de la Universidad de Illinois, en Chicago, refiriéndose al protagonista de la película, «el comportamiento del ratón de la pradera rasga el velo y permite ver el amor sin la capa cognitiva que supuestamente lo envolvía».

Pero antes de aclarar por qué las investigaciones en torno a los hábitos amorosos de dicho animal han dado con la clave del sustento fisiológico del amor moderno, vale la pena recordar los únicos antecedentes con que contábamos, que tienen que ver con la maltraída mosca del vinagre (*Drosophila melanogaster*), responsable de las cuatro cosas que sabemos sobre los vínculos entre genética y comportamiento.

Hace treinta años se descubrieron moscas que eran perfectas lesbianas. Despreciaban a los machos y ejecutaban con sus compañeras hembras todo el ritual que —para utilizar las mismas palabras de Hannah Hickey al explicar el hecho— «no siguen los varones latinos el sábado por la noche».

Para la *Drosophila melanogaster*, el cortejo es una secuencia estereotipada e instintiva de acciones, llevadas a cabo por el macho, que incluye estímulos visuales, olfativos, gustativos, táctiles, auditivos y mecanosensoriales, intercambiados entre los sexos. El cortejo de esta pequeña mosca es curiosamente elaborado. Se acerca a la hembra, llama su atención con sus patas delanteras, le canta una canción con la vibración de sus alas, la lame y le redondea el abdomen para el apareamiento. Si a ella le gusta, detiene el vuelo y acepta sus propuestas. Si no es de su agrado, agita las alas con un zumbido que no necesita traducción.

El año pasado, las tres universidades estatales de Stanford, Brandeis y Oregon, gracias a investigadores como Adriana Villella, Barbara J. Taylor y Margit Foss, entre otros, se centraron en el estudio de un gen llamado *fruitless* ('sin fruto, estéril'), que es uno de los aproximadamente trece mil genes del genoma de la mosca del vinagre. Los tres laboratorios habían descubierto previamente que ese gen es el que controla el elaborado ritual de cortejo.

Si en el laboratorio se inactiva dicho gen en los machos, éstos pierden todo interés por las hembras; pero hay más: si lo activan en las hembras, éstas ejecutan el ritual de apareamiento específico del sexo opuesto. Es el ejemplo más sorprendente de que un gen controla el comportamiento sexual. Activar un único gen específicamente masculino hace que una mosca hembra despliegue conductas de cortejo masculino: persigue a otras hembras, toca sus abdómenes y les canta serenatas de amor con sus alas.

Barry J. Dickson, director científico del Instituto de Investigación en

Biología Molecular de Viena y miembro de la Academia Austríaca de Ciencias, afirma que estamos en presencia de un gen principal regulador del comportamiento, de manera idéntica a como otros genes sirven de reguladores principales para fabricar un ojo u otro órgano. ¿Es posible, pues, que las conductas y los órganos se articulen de forma muy parecida, cada uno pendiente de un gen regulador principal que controla una red de otros genes de nivel menor? ¿Quién sabe?

Otro ejemplo no menos sorprendente plagado de implicaciones para la vida del futuro. Existen dos variantes del gusano *C elegans*. El uno es solitario y se busca el sustento por su cuenta. El otro es social y campa en grupo para buscar comida. La genetista Cori Bargmann de la Universidad de Rockefeller ha comprobado que la única diferencia entre los dos consiste en un aminoácido situado en una proteína receptora que comparten ambos. Pues bien, si al gusano social se le extrae ese receptor y se le coloca al solitario, este último ya sólo sale a comer acompañado.

Todavía estamos lejos de poder sugerir que algo parecido pueda ocurrir con los humanos, pero a la luz de estos antecedentes no sería nada extraño que en algún lector esté arraigando ya la sospecha de que también en nosotros un solo gen pueda determinar los comportamientos de apareamiento. En todo caso, el descubrimiento que se barruntaba en esos antecedentes de la mosca del vinagre se ha visto reiterado y amplificado con el hallazgo referido, esta vez, al ratón de la pradera.

Las hormonas y los circuitos cerebrales del amor

Es lógico aducir que lo que ocurre con los ratones de las praderas puede no tener nada que ver con lo que sucede a los humanos. Tanto más cuanto que, a juzgar por las investigaciones efectuadas, en algún momento de la evolución se produjo una mutación que dejó a los humanos sin el segundo sentido del olfato: el órgano vomeronasal encargado de detectar las señales de las feromonas.

Me encantaría poder ayudar a disipar la inquietud de los lectores remisos a aceptar que existe un gen responsable del comportamiento amoroso, similar a los que diseñan una pierna o un hígado; y todavía me gustaría más que no se quedaran con la sospecha de que el amor moderno obedece a cánones fijados en el resto de los animales hace millones de años.

Pero en conciencia, con la mano en el corazón —y después de innumerables lecturas y conversaciones con los científicos especializados en este tema—, soy incapaz de negar esta sospecha por tres motivos.

Primero. No se ha podido demostrar que los humanos sean insensibles a las feromonas, sino más bien lo contrario, si se concede el valor que merecen a los experimentos de sincronización del ciclo menstrual en mujeres.

Segundo. Enjuiciadas en su conjunto, las nuevas pruebas demostrarían, de manera irrefutable, que comportamientos sexuales innatos tienen una base genética muy fuerte. Cuando se constatan comportamientos innatos, es muy arriesgado descartar que no están modulados por circuitos cerebrales al igual que ocurre con otras partes del organismo.

Tercero. Las investigaciones más recientes corroboran la sospecha de que estos circuitos neuronales del amor existen. Y a ello vamos a dedicar las páginas que siguen.

El lector descubrirá así que el amor entre dos personas tiene igual rango e importancia para la salud y la supervivencia de la especie que otros impulsos como el sexo o la alimentación. Y, de paso, puede encontrar pistas que le ayuden a moverse con más tino por el azaroso camino del amor romántico, vínculos de unión, amor maternal y lazos afectivos. Un camino mucho menos plagado de peligros y accidentes de lo que sugiere la literatura o la propia vida de la gente, cuyo entramado institucional sigue postergando, en su orden de prioridades, responder a la pregunta de por qué somos como somos.

Haciendo el amor se segrega oxitocina, que juega un papel fundamental en la conducta sexual, ya que está presente en todas sus fases: en el enamoramiento, en el posparto y en la lactancia. La leche contiene niveles altos de oxitocina y prolactina, que facilitan el vínculo entre la madre y el recién nacido. Los niveles de oxitocina se disparan en los enamorados y la segregan tanto los hombres como las mujeres al copular. En los primeros, se supone que facilita el transporte de los espermatozoides en la eyaculación. En ambos —tal vez por ello sea la más espiritual de las sustancias químicas, a pesar de estar involucrada en las tareas terrenales de la reproducción sexual— sustenta la fidelidad y la creación de vínculos afectivos en la pareja.

Junto con la vasopresina, ese péptido es un transmisor neurobiológico clave para el amor y la consolidación de la pareja. Según Tobias Esch y George B. Stefano, la vasopresina podría ser responsable del rechazo o la agresión tras la cópula, que algunos identifican con el acto sexual consumado sin vínculo afectivo. Pero la oxitocina actuaría de forma más contundente que la vasopresina.

La testosterona que, en el caso del amor, se comporta de manera diferente según los sexos, constituye un enigma. En el hombre enamorado disminuye, mientras que en las mujeres aumenta. A falta de una explicación científica, el lector le perdonará al autor si agarra por los pelos este dato y lo enarbola —como la pancarta de Raquel en el estadio de fútbol— como prueba concluyente del concepto de fusión entre dos seres que se ha manejado a lo largo del libro. Enamorarse equivale a querer fusionarse con el otro, a borrar las barreras físicas y de género, a igualar a los enamorados reduciendo rasgos típicamente masculinos en el hombre y aumentándolos en la mujer, incluyendo, claro está, un estilo más extrovertido y agresivo, característico de niveles específicos de testosterona.

En cuanto a la dopamina, es fundamental en la biología del amor, particularmente en lo que se refiere a los mecanismos de señalización y placer. Estudios realizados sobre animales indican que la elevada actividad de las neuronas vinculada a la dopamina podría desempeñar un papel determinante en la elección de pareja de los mamíferos. Cuando un ratón de la pradera hembra se aparea con un macho, desarrolla una marcada preferencia por ese macho, y cuando se le inyecta dopamina empieza a mostrar preferencia por el macho que estuviese presente en el momento del experimento, aunque no fuese su pareja.

Serotonina y desamor

La serotonina, por el contrario, encabeza la lista de las sustancias que modelan el desamor. Todo empezó en 1999, cuando Donatella Marazziti, psiquiatra de la Universidad de Pisa, empezó a indagar si existían razones bioquímicas para el llamado trastorno obsesivo compulsivo. El principal sospechoso era la serotonina, un neurotransmisor que tiene un efecto sedante sobre el cerebro. La falta de serotonina se ha relacionado con la agresividad, la depresión y la ansiedad. Las drogas de la familia del Prozac combaten estos estados elevando los niveles de serotonina en el cerebro. Así que Marazziti decidió comprobar los niveles de serotonina en el cerebro de las personas que padecían dicho trastorno.

Por métodos indirectos pero fiables se pudo comprobar que los niveles de serotonina eran inusualmente bajos en aquellas personas con trastorno obsesivo compulsivo. Pero de paso Marazziti comprobó algo sorprendente: estos pacientes tenían pensamientos obsesivos similares a los de las personas enamoradas. Tanto estos pacientes como los individuos enamorados pueden estar horas y horas ensimismados con un objeto o persona dados. Ambos grupos incluso pueden ser conscientes de que sus obsesiones son algo irracionales, pero no pueden liberarse de ellas. Así que Marazziti se preguntó si también disminuían abruptamente los niveles de serotonina de los enamorados.

Al explicar esos hallazgos, la divulgadora científica estadounidense Kathryn S. Brown recuerda que, para comprobarlos, Marazziti y su equipo se pusieron a la caza y captura del amor a través de estudiantes —chicos y chicas— de la facultad de medicina de la Universidad de Pisa que se hubieran enamorado en los últimos seis meses; se eligieron personas obsesionadas con su amor al menos cuatro horas al día, pero que no hubiesen mantenido aún relaciones sexuales con la persona amada. Se buscaban Romeos y Julietas con una pasión espontánea, sin las interferencias propias de las tormentas hormonales sexuales ni el sosiego del paso del tiempo. El equipo investigador también reclutó a veinte personas adicionales con diagnóstico de trastorno obsesivo compulsivo y otras veinte que ni estaban enamoradas ni sufrían trastornos psiquiátricos.

Las conclusiones del experimento confirmaron las sospechas iniciales: los estudiantes «normales» tenían niveles habituales de serotonina, mientras que los otros dos grupos —los que padecían trastornos obsesivos compulsivos y los que estaban enamorados— tenían niveles más bajos hasta en un 40 %.

Para confirmar su intuición de que los niveles de serotonina sólo se desploman durante las primeras fases del amor, y no después, los investigadores sometieron a seis de los estudiantes a las mismas pruebas un año después del inicio del estudio. Comprobaron, efectivamente, que los niveles de serotonina habían vuelto a la normalidad, y que un afecto más sutil hacia la pareja había reemplazado sus primeros sentimientos.

Las personas enamoradas arrojan índices de cortisol más elevados, reflejando así el estrés que producen los estímulos asociados a los inicios de una relación sentimental. Hace falta un nivel moderado de estrés para iniciar una relación. El amor es un arma de doble filo. Enamorarse y ser correspondido nos hace sentir bien, eufóricos, obsesionados con la persona amada. A veces puede dar la impresión de que es un estado idéntico a las conductas obsesivas. La diferencia está en que, en estas últimas, la obsesión se concentra en alteraciones de conducta, mientras que enamorarse cambia, sobre todo, el pensamiento: sólo se piensa en la persona amada.

Lo que ocurre con la serotonina es intrigante porque es una hormona del placer. Pero la primera fase del amor no suele suscitar la calma mental propia de la serotonina. Un buen encuentro genera ansiedad porque, aunque se pueda empezar a estar enamorado y postergar la aversión a los extraños, de entrada tampoco se quiere experimentar ese amor en particular.

¿Qué lector de sexo masculino no ha experimentado la frustración que causan las reticencias y los aplazamientos consecutivos —la promesa de otra cena dentro de una semana, o de tomar un café pasado mañana— de la hembra potencialmente enamorada? Esta actitud femenina que rebota en la mente del seductor tiene claros perfiles genéticos; se trata de la precaución lógica de quien tiene más que perder en una inversión parental precipitada, del papel activador de un grado moderado de incertidumbre en el circuito cerebral de recompensa y, con toda probabilidad, de la mayor componente mental que biológica en la libido femenina.

Según Bartels, resulta útil recordar que las regiones cerebrales ricas en oxitocina y vasopresina, las hormonas del amor, se superponen con fuerza sobre aquellas ricas en dopamina, el neurotransmisor tradicionalmente asociado con el circuito de recompensa del cerebro. Se ha sugerido que las preferencias mostradas por una pareja dada, a largo plazo, se deben a los circuitos de la vasopresina que, de alguna manera, conectan con los circuitos de la dopamina, por lo que un animal asociará a una determinada pareja con una sensación de recompensa. En aquellas regiones del cerebro de los mamíferos monógamos ricas en dopamina, los llamados receptores V1 de la vasopresina son más abundantes que en los mamíferos promiscuos. Su elevado nivel podría ser la causa o una de las causas evolutivas que propiciaron la conexión entre circuitos. Como subraya Bartels, «creo que empieza a concretarse que el mecanismo afectivo de preferencias utiliza el circuito de la dopamina para que las experiencias de apego sean satisfactorias».

Las zonas que coinciden, incluyendo las áreas de oxitocina y vasopresina, representan claramente un «sistema de apego básico», con lo que, en los humanos, a esas zonas se las podría calificar de «sustrato neuronal del amor puro». El azar quiso que se unificaran los circuitos para identificar a la pareja elegida con los del placer y de ahí naciera el amor irresistible.

Por tanto, la fase temprana del amor se asemeja a una montaña rusa hormonal, con subidas y bajadas bruscas que inducen los distintos estados necesarios para que una buena relación pueda estabilizarse más adelante. ¿Quién no se reconoce en una situación como ésta, característica del flechazo improvisado? Es algo químico y repentino, pero que ya tiene todo el potencial del amor absoluto. No es el momento adecuado para la calma. Bajan los niveles de serotonina. Simultáneamente, surge un rechazo a dejarse arrastrar inmediatamente por estímulos nuevos que trastocan compromisos ya adquiridos. Sube la concentración de vasopresina. ¿Quién gana o pierde la partida? Tiene más posibilidades de ganar aquel de los dos en la pareja que sea consciente de cabalgar en una montaña rusa y sepa esperar a que suene el silbato del final de esta vuelta. Para reiniciar el camino después de la tormenta hormonal.

El amor no resiste el olvido

Sin embargo, es la nueva ciencia de la mente —surgida de la conjunción de la neurobiología, la psicología y la biología molecular— la que está arrancando los últimos velos al misterio del amor. El amor, nos dice la ciencia de la mente, está efectivamente codificado en el cerebro.

Los efectos del paso del tiempo eran imprevisibles hasta que la biología molecular ha permitido a los neurocientíficos penetrar en algunos de sus secretos. Se sabía que el paso del tiempo mata el dolor. A los seis meses de un gran contratiempo personal, la mente lo ha digerido y la vida que parecía inconcebible tras la desgracia empieza a perfilarse de nuevo y renace la esperanza. Sabíamos, también, que cuando no ha ocurrido nada sino todo lo contrario, es decir, cuando al final del camino se está convencido de que se experimentará una emoción positiva —una boda, un nacimiento—, el mayor error que puede cometerse es desperdiciar la felicidad que rezuma todo el proceso de la búsqueda. La felicidad está en la sala de espera de la felicidad.

Lo que se ignoraba es que la ausencia física durante mucho tiempo mata el amor. El amor romántico parece eterno o no es amor. «Te querré siempre», se dicen los enamorados. Pero las investigaciones moleculares del científico lord Edgar Douglas Adrian, realizadas hace más de treinta años, apuntaban en dirección contraria. Ahora sabemos que tenía razón. ¿Por qué?

Las señales eléctricas que utilizan las células nerviosas para comunicarse son muy parecidas unas a otras, al margen de la fuerza, duración o localización del estímulo exterior que las provoca. Cuando se rebasa el umbral para producir la señal, ocurre la descarga. Si ella o él no es capaz de generar la señal en el sistema nervioso del otro, no pasa nada. Pero cuando ocurre, los potenciales de acción son siempre similares. El lector se preguntará enseguida cómo se transmite, entonces, la intensidad del estímulo. ¿De qué manera una neurona informa de la intensidad del estímulo que la hace vibrar?

Lo siento, querido lector, pero la intensidad transmitida no depende del tipo de señal de alarma o deseo generado por el estímulo exterior, sino de su frecuencia. La duración del estímulo se codifica en los circuitos neuronales en la duración de la activación, mientras que la intensidad del estímulo se codifica en la frecuencia de la activación. También la duración de la sensación viene determinada por el periodo de tiempo durante el que se sigue generando el potencial de acción. Si todos los estímulos se agolpan conjuntamente, la sensación será intensa; si se espacian en el tiempo, la sensación será débil.

Es más, no sólo la intensidad experimentada depende de la frecuencia con que se produce el estímulo, sino que el tipo de información transmitida depende de la clase de fibras nerviosas activadas y de los sistemas cerebrales específicos a los que están conectadas esas fibras. La información visual es distinta de la información auditiva porque transcurre por canales distintos. Estamos sugiriendo que lo que está en el origen de una sensación —ya sea visual, táctil o auditiva, los ladrillos del amor— es indiferente. Lo único que cuenta es la frecuencia de los impulsos y los canales de comunicación utilizados por el cerebro.

¿Cómo es posible que en la vida cotidiana seamos tan desconsiderados con el impacto del tiempo, de las ausencias y las frecuencias? ¿Por qué prescindimos de ellas tan olímpicamente, olvidando los desvaríos que genera esta actitud en la vida de la gente?

Si científicos precursores, como lord Edgar Douglas Adrian hace treinta años, y seguidores suyos actuales, como el premio Nobel Eric R. Kandel, han demostrado la importancia de la frecuencia de los estímulos a nivel celular para definir la intensidad de una emoción, ¿por qué sigue habiendo tantos padres que no tienen tiempo de conversar con sus hijos o enamorados que remiten a las calendas griegas el roce de sus manos o de sus labios? La única excusa que tenemos es que nadie, o casi nadie, ha dedicado tiempo a activar su capacidad metafórica para deducir, de las investigaciones más recientes de la biología molecular, sus implicaciones en la vida cotidiana.

Lo que no tenemos es la supuesta componente cognitiva del amor desbocado, que brilla por su ausencia en los microscopios y resonancias, a pesar de la abundante producción literaria que ha generado. Pamela Norris, escritora y especialista en el periodo renacentista, atribuye parte de la culpa a que son los hombres, sobre todo, los que han reflexionado sobre el amor. La verdad es que cuando se analiza la contribución feme-

La escritora
norteamericana
Sylvia Plath.

nina al tema, la de grandes mujeres apasionadas e inteligentes, desde Safo en Grecia, pasando por Eloísa en la Edad Media a la norteamericana Sylvia Plath, el sentimiento de espanto y tristeza conjurado por el amor no puede ser más terrorífico.

Desde la confesión de Abelardo después de su castración («Me han cortado la parte de mi cuerpo con la que cometí el mal que les ofende»; los sicarios del tío de Eloísa le habían sorprendido durmiendo) hasta el suicidio alevoso de Sylvia Plath, enfrentada al conservadurismo moderno, es difícil imaginar un concepto más opuesto y antitético del amor que el ofrecido por la neurociencia moderna. El desamparo y el sufrimiento de la gente de la calle contrasta con los fines evolutivos bienintencionados de las hormonas y los circuitos cerebrales.

Capítulo 6
La química y la física del amor

Siempre fuiste dueño de mi corazón. ¡Eso es creer! Creer en ti.

(Mensaje hallado en el móvil de X)

La verdad es que cuando se compara el trabajo aparentemente «sin propósito» de la selección natural, como los circuitos cerebrales elaborados durante millones de años para que el amor, el placer y el sexo garanticen la supervivencia, con el trabajo «intencionado» de los políticos durante los últimos diez mil años no hay color. A favor de la primera, a pesar de las extinciones masivas. ¿Cómo hay tanta gente todavía, en las clases dirigentes y en las populares, convencida de que su mensaje es fruto de la razón, cuando decisiones tan cotidianas y repetidas como sentenciar la fealdad o la belleza de una cara están impregnadas por la fuerza de los promedios, de las fluctuaciones asimétricas o de sustancias químicas como las feromonas?

Recuerdo el caso de un buen amigo, hijo de exiliados españoles residentes en Caracas, al que no he vuelto a ver en los últimos veinte años desde su regreso a Venezuela. Estaba sentado en la terraza de un café. En la mesa contigua había dos matrimonios y la hija de uno de ellos. No sé si fue una cuestión de percepción de las fluctuaciones asimétricas, del ímpetu de la imaginación o de las feromonas, pero el hecho es que, ni corto ni perezoso, sin dudarlo un instante, mi amigo se levantó para decirles a los padres: «Me voy a casar con ella». Y así fue.

¿Por qué nos enamoramos? ¿Existe el amor a primera vista? Instantáneo, en un salón, en el metro, en la playa, donde ni las disquisiciones evolutivas ni las referentes a la simetría han tenido tiempo de cristalizar. La antropóloga Helen Fisher piensa que el amor a primera vista emana del mundo natural. Todos los animales son selectivos: ninguno quiere copular con cualquiera. Tienen favoritos, y cuando ven a un individuo con el que quieren aparearse, la atracción suele ser instantánea. Este proceso es adaptativo. Casi todos los animales tienen una estación propia para el apareamiento, y necesitan empezar el proceso de apareamiento sin demora. El amor humano, a primera vista, probablemente, sea el instinto heredado de sentir atracción instantánea por la persona que mejor encarna nuestro ideal de pareja.

El impulso ancestral de la búsqueda de otro, incluida la atracción sexual, está firmemente arraigado en los circuitos cerebrales, tal como se vio en el capítulo anterior. En la diferenciación específica, dentro de un género, para elegir a un organismo en particular en lugar de otro, intervienen factores como la simetría y la compatibilidad entre los sistemas inmunitarios de la pareja. Ahora bien, ¿y si la ejecución concreta de estos impulsos, cualquiera que fuera la causa original, resultara, como dicen muchos, ser pura química? ¿Y si la atracción entre dos organismos transcurriera por el canal de las feromonas?

La química de las feromonas

Dos sistemas olfativos se han desarrollado en los animales. El sistema olfativo común es el sensor del medio ambiente, el sentido primario que usan los animales para encontrar comida, detectar a los predadores y presas así como marcar su territorio. Se caracteriza por su amplitud y su capacidad de discriminación. Al igual que el sistema inmunológico, se trata de un sistema abierto, concebido sobre la base de que no es posible predecir con qué moléculas —eso incluye a cualquiera— tendrá que enfrentarse. Es necesario por tanto mantener un abanico sensorial indeterminado pero preciso.

Un segundo sistema olfativo accesorio se ha desarrollado con el fin específico de encontrar una pareja receptiva, una empresa lo bastante compleja como para que la evolución haya admitido la necesidad de crear un sistema independiente. Se le llama el sistema vomeronasal y es capaz de detectar las señales olfativas emitidas por una especie y un sexo determinados que contienen información no sólo acerca de la ubicación, sino también del sistema reproductivo y de su disponibilidad. En muchos insectos y mamíferos se ha demostrado que la emisión de feromonas desencadena de inmediato el cortejo sexual. En resumen: aunque el sistema olfativo humano se considere en cierta medida un lujo, para el resto del mundo animal —desde las bacterias hasta los mamíferos— la capacidad de detectar sustancias químicas en el entorno es vital para la supervivencia.

Catherine Dulac y su equipo descubrieron que en el ratón de la pradera, el macho modula su comportamiento hacia los demás ratones en función de las feromonas, que son hormonas que viajan por el aire. El ratón detecta estas feromonas con el órgano vomeronasal, un tejido muy sensible a los olores que una mutación parece haber eliminado o inhibido en los humanos, aunque hay discrepancias sobre ello.

Y sobre todo, ¿por qué nos enamoramos de una mujer o de un hombre en concreto y no de otros? Asumamos la posibilidad de que se debiera a un tipo de feromonas, las sexuales, unas sustancias químicas emitidas por determinados organismos que detectan otros miembros de la especie y a las que responden.

Las feromonas se han identificado, entre otros muchos grupos de organismos, en bacterias, algas, insectos, reptiles, primates y peces. La única omisión llamativa de esta lista son los pájaros, quizás porque, salvo algunas excepciones, tienen el sentido del olfato muy poco desarrollado. Cuanto menos sofisticada es la forma de vida, más utilidad parecen tener las feromonas, especialmente en los insectos. Insectos sociales como las abejas y las hormigas han desarrollado con las feromonas formas de comunicación muy complejas, que utilizan dentro de su misma especie.

Las feromonas tienen un uso extendido y diverso para la búsqueda de pareja. Pueden atraer a los machos, proclamar un determinado estatus sexual o someter a una posible pareja. Las feromonas que inciden en la copulación suelen ser emitidas por las hembras, porque el sexo dominante entre los insectos sociales son las hembras. De acuerdo con Gordon M. Shepherd, neurólogo de la Universidad de Yale, en New Haven, Connecticut, una de las feromonas mejor caracterizadas en los mamíferos es la de búsqueda del pezón del conejo. Los gazapos la detectan a través de su sistema olfativo central, y se estimula una conducta típica de búsqueda del pezón que permite que la cría lo localice con facilidad —algo particularmente importante para el gazapo, ya que la madre sólo amamanta a sus crías una vez al día durante unos cuatro minutos, siendo por tanto urgente encontrar un pezón, debido a la competencia de los demás hermanos para poder sobrevivir.

Fue con mujeres con quien se realizó la primera demostración de que las feromonas también funcionaban en los humanos. A un grupo de mujeres se les humedecieron ligeramente los labios superiores con algodones impregnados de moléculas del sudor de las axilas de otras mujeres situadas en un lugar geográfico distinto. El resultado fue una sincronización de sus respectivos ciclos menstruales.

Se ha sugerido que tendemos a enamorarnos de personas con tipos de personalidad conformados por un perfil químico complementario al nuestro. En otras palabras, existirían estructuras de atracción entre determinados patrones químicos, y esta complementariedad podría ser una de las razones de los flechazos que dicen haber experimentado el 10 % de los enamorados.

Estamos fabricados para enamorarnos, y en este encaje con la pareja es probable que busquemos —y reconozcamos— aquellos tipos de personalidad químicamente compatibles o complementarios. El poeta Pablo Neruda intuía algo de esto en uno de sus sonetos:

> De las estrellas que admiré, mojadas
> por ríos y rocíos diferentes,
> yo no escogí sino la que yo amaba
> y desde entonces duermo con la noche.

La prueba incontestable del papel desempeñado por las feromonas en la búsqueda de pareja en los insectos y en los mamíferos se halló en la mosca del vinagre (*Drosophila melanogaster*) y en el ratón o topillo de la pradera de Norteamérica (*Microtus ochrogaster*). En el caso de la primera, machos y hembras tienen los mismos genes y circuitos cerebrales requeridos para copular, pero lo que nadie podía imaginar es que bastaría activar el gen masculino no expresado en la hembra para que ésta desplegara de inmediato las características típicas del macho cuando corteja. En el caso de los ratones de la pradera, como se vio en el capítulo anterior, si a un ratón se le inactiva un gen determinado es incapaz de detectar la identidad sexual de los individuos de su misma especie. En ambos casos son feromonas las que desatan el proceso del cortejo.

Se está afirmando que la inhibición de un gen en los conductos señalizadores olfativos impide la activación sensual de las neuronas localizadas en el sistema olfativo por diversas feromonas, entre ellas, de la orina; las mismas que en condiciones normales ponen en marcha el complicado mecanismo del cortejo. Las pruebas son irrefutables y todo llevaría a pensar que en los humanos puede pasar exactamente lo mismo.

No obstante, si profundizamos en la supuesta semejanza de los mecanismos sexuales en la mosca del vinagre o en mamíferos como los ratones o los conejos y en los humanos, debemos constatar que el debate sigue abierto; por lo menos, hasta que no se haya dado con el gen equivalente en los humanos, se conozcan los canales concretos de acción de las feromonas y no se haya dilucidado la supuesta pérdida de complejidad del segundo sistema accesorio olfativo en los humanos (el órgano vomeronasal, responsable del diálogo con las feromonas en el resto de los animales).

Las demás razones, si las hay, de que el amor por pura química no funcione en nuestra especie exactamente como en la mosca del vinagre, los ratones y los conejos hay que buscarlas en otros niveles. Podrían desempeñar un papel significativo los factores culturales que modelan determinados aspectos del amor de los humanos. El que haya sugerido, de entrada, que no pueden desvincularse esos factores del soporte biológico, ni exagerar su importancia, no entraña ni mucho menos que sean irrelevantes.

Estoy dispuesto a echar piedras sobre mi propio tejado revelando a los lectores una poderosa razón susceptible de cuestionar mi convicción del papel desempeñado por la química en el amor. Nadie menciona esta razón, entre los partidarios de los sistemas inmunitarios, reflejados en las fluctuaciones asimétricas y activadas las preferencias mediante feromonas. Me alertó de ello la ansiedad generada por un amor truncado.

Si las feromonas son responsables de la activación de las preferencias dimanantes de las exigencias inmunitarias, ¿por qué cesa el amor cuando la naturaleza de los respectivos sistemas inmunitarios no ha cambiado, ni las feromonas sus mecanismos de actuación? ¿Por qué motivos los factores biológicos que desencadenaron el amor se inhiben cuando este amor se extingue?

En el siguiente capítulo doy cuenta de cómo nació mi gran amor por Hedos. No llegué a conocer del todo las entrañas de ese nombre con tintes griegos. Su nivel de mutaciones lesivas estaba netamente por debajo del promedio. Le obsesionaba el sexo. No le bastaba un solo género para colmar sus expectativas y, como descubrí más tarde, era lo que ella calificaba, con cierta naturalidad, de bisexual. Detestaba la idea de tener hijos y había renunciado expeditivamente a uno de sus anteriores maridos ante el malogrado deseo de éste de fundar una familia. Después, o mejor dicho, igual que el sexo, a Hedos le interesaba el dinero. Procedía de una familia humilde y había conseguido aposentarse en un medio adinerado a base de inteligencia y tesón.

Ese amor estaba expuesto a todos los vendavales posibles. Extrovertida, vacilaba siempre en la cuerda floja de un sexo impetuoso que, en muchas ocasiones, hipotecaba su otro caudal imprescindible en el que no quería dejar de flotar: el dinero. Maridos, amantes, jefes y amigos con negocios millonarios eran los hitos de su camino cotidiano. Su belleza, su inagotable energía e intuición podían con todo, o casi todo. Mi última cena con Hedos fue en el River Café, en Brooklyn, desde donde puede contemplarse, de noche, con el East River de por medio, todo el esplendor incomparable de Manhattan bajo las estrellas, incluido Wall Street, el centro financiero del mundo. Al abonar la cuenta, le espetó en voz alta al camarero, que le acababa de desear un fin de semana lleno de éxitos: «Y sexo, sexo. No olvide el sexo».

De regreso al hotel, me pidió la tarjeta para poder regresar a mi habitación más tarde, al cabo de un rato, porque le apetecía ir al bar a tomar una copa y trabajar con el ordenador. Vencido por el sueño, al cabo de dos horas decidí bajar al bar a por mi tarjeta. Tenía trabajo muy pronto al día siguiente y no podía contemplar la posibilidad de que me despertaran en plena noche. Después de todo, Hedos tenía su propia habitación en el mismo hotel.

Perdura en la memoria, ya recóndita, mi irrupción en la barra del bar abarrotado. Estaba espléndida, sonriendo de pie con una copa en la mano, flirteando con un grupo de desconocidos cautivados por su lenguaje corporal. Recuperé mi tarjeta y, en mi mente, le dije adiós para siempre. Su abandono previsible —su mano ya no buscaba las mías con la intensidad de antaño, debajo del mantel de las comidas de trabajo— apuntaló mi decisión resignada de no volver a verla. Los sistemas inmunitarios y las feromonas respectivas seguían siendo los mismos, pero el amor se había desvanecido. Durante unos días reflexioné sobre esta bifurcación anómala y repentina de la biología por un lado y la conciencia por otro, en las razones no biológicas del final de un amor. Y las hay. Suficientes para cuestionar mi propia convicción sobre el papel irremediable de las fluctuaciones asimétricas y las feromonas. ¿Se impusieron esas razones en el caso de Hedos?

Ella no pertenecía, realmente, a nadie. Ni a su marido ni a sus amantes y amigos. Tal y como estoy descubriendo al hilo de la escritura de esta trilogía sobre la felicidad, el amor y lo que yo llamo el poder molecular, los tres están irremediablemente concatenados. Sin el último desfallecen los dos primeros. En el espacio emocional, la bisexualidad de Hedos impedía ubicarla en un entorno familiar. No estaba en ninguna parte y estaba en todas. El cerebro de los mamíferos, incluido el nuestro, se maneja ya de por sí muy mal en el entorno espacio-tiempo porque —a diferencia de lo que ocurre con la vista o el oído— no existe en el cerebro un espacio específico para orientarse. Para Hedos, el amor y el deseo eran dos variables totalmente independientes. ¿Cómo se le había ocurrido al resto de la gente vincular las dos cosas?

Pese a su condición femenina, Hedos no se caracterizaba por el ejercicio sabio de la emoción de la empatía. Sencillamente, una vez suelta en el mundo emocional le resultaba imposible ponerse en el lugar del otro, emocional ni cognitivamente, o de sí misma en otra condición. Por último, las vicisitudes de la vida le habían conferido un ánimo que nunca dejaba de ser amable, sin alcanzar tampoco la ternura. En definitiva, mi gran amor no habría aprobado el test para evaluar la capacidad de amar al que puede someterse el lector en el último capítulo del libro. Había razones sobradas para dar por terminado ese amor, pero ninguna tenía nada que ver, por lo menos aparentemente, con las que lo habían activado en primer lugar.

Las causas del flechazo amoroso

El proceso de selección de pareja sexual en el hombre y el resto de los animales se conoce con bastante precisión desde los tiempos de Darwin. Existen dos componentes básicos en este proceso: la competencia entre los machos por figurar y las preferencias demostradas por las hembras, que son las que eligen. Cuando una determinada figuración, a raíz de las preferencias de la hembra —como los colores brillantes en los peces y los pájaros o las colas espléndidas y los cuernos alambicados en los pavos reales y los antílopes— coincide, repetidamente, con los rasgos perfilados por la competencia entre machos, como el mayor tamaño, las dos acaban formando parte de la genética de la selección sexual. Es obvio que se trata de esta última y no de la selección natural, dado que ni la cola monumental del pavo real ni la estructura alambicada de los cuernos del antílope constituyen una garantía de supervivencia, sino todo lo contrario.

La belleza no es un concepto abstracto ni simplemente estético, sino una condición que está íntimamente ligada a lo que necesitamos para ser felices. Hay edificios que pueden ser arrogantes, otros pueden ser elegantes o amables. Un edificio que nos resulta atractivo no es muy diferente a una persona buena; es el análogo a una persona que nos gusta, aquella que transmite una personalidad y un conjunto de valores parecido al nuestro.

¿Cuáles son los rasgos consagrados como definidores de la belleza, perseguida por los humanos a lo largo de toda la evolución? Se nos ha explicado por boca de paleontólogos y fisiólogos que las proporciones que determinan la belleza están directamente vinculadas a criterios como el espacio necesario para que pueda alumbrarse sin dificultad a la progenie y se garantice así la perpetuación de la especie. ¿Acaso la barbilla acentuada y las cejas muy marcadas —reflejo de abundante testosterona— no son uno de los rasgos decisivos en la elección por parte de la hembra? O en el caso de lo que resulta atractivo para el varón, ¿el menor volumen facial, los contornos suaves, bien irrigados por estrógenos? ¿No es decisivo el cociente cintura-cadera, que en la Venus de Milo se fijó en el 0,7%, recogiendo una tradición que ha perdurado a lo largo de los siglos? La proporción áurea entre la cintura y la cadera presente en la Venus de Milo indicaba el espacio suficiente para que el feto se desenvolviera adecuadamente y llegara a buen puerto. ¿Y qué decir del esplendor de los senos como señal cierta de fertilidad? ¿Acaso no han sido esas señales las que han determinado la elección de la pareja?

La Venus de Milo, expuesta hoy en el Museo del Louvre, París.

Según Hermann Weyl (1885-1955), matemático alemán que fue profesor de matemáticas en el Instituto de Estudios Avanzados de la Universidad de Princeton, y gran amigo y colega de Einstein, «la simetría es la idea a través de la cual la humanidad, en todos los tiempos, ha intentado comprender y crear el orden, la belleza y la perfección». Las últimas investigaciones apuntan también a la simetría como factor decisorio en la selección sexual.

Nadie se tomaba a la ligera las investigaciones de Weyl, y menos que nadie Paul Adrien Maurice Dirac (1902-1984), uno de los gigantes de la física del siglo xx, del que otro célebre físico decía: «Dios no existe y Dirac es su profeta». Dirac también era famoso por su parquedad y desesperaba a alumnos y periodistas con sus respuestas monosilábicas. Pues bien, en una entrevista que ha quedado en los anales del anecdotario científico, un periodista le preguntó:

—Quisiera saber si alguna vez se ha topado con algún colega al que ni siquiera usted es capaz de entender del todo.

—Sí —contestó Dirac.

—En el periódico se alegrarán con su respuesta. ¿Le importaría revelarme de qué científico se trata?

—Weyl —fue la respuesta. Por supuesto monosilábica.

El equilibrio en el desarrollo de un organismo refleja la capacidad metabólica para mantener su morfología en el entorno que le tocó vivir. No es posible precisar ni medir la estabilidad del metabolismo de un organismo, pero sí pueden medirse las desviaciones con relación al prototipo ideal. Entre los instrumentos de medición de la inestabilidad del metabolismo de un organismo figuran, en primerísimo lugar, el grado de fluctuación de las asimetrías y la frecuencia de desviaciones fenotípicas, como la inversión de órganos.

En plantas, animales y homínidos, se ha observado que los grados de resistencia a la invasión de insectos causantes de enfermedades parasitarias como la malaria se manifiestan en factores secundarios de la selección sexual como la ausencia de fluctuaciones asimétricas. En otras palabras, los huéspedes dados a sufrir mayor número y en mayor intensidad enfermedades causadas por insectos sociales arrojan una mayor asimetría en sus rasgos físicos.

Empezamos ahora a poder manejar un listado de componentes determinantes del chispazo del amor. Algunos se trazan antes del mismísimo nacimiento. Desde la concepción, el cuerpo humano se desarrolla por medio de la división celular. Si cada una de estas divisiones transcurriese de forma perfecta, el resultado sería un bebé con el lado izquierdo y derecho del cuerpo exactamente simétricos. Pero no ocurre así. La mejilla de un lado puede ser ligeramente más reducida que la del otro; un lóbulo puede ser más grande que el otro, y así un sinfín de pequeñas diferencias. Estas leves desviaciones de la simetría perfecta se llaman fluctuaciones asimétricas. Las mutaciones genéticas y el medio ambiente imponen cierta asimetría —con ella elaboramos índices de fluctuaciones asimétricas—, cuyas implicaciones afectan a toda la vida del individuo.

Anders Pape Möller resume muy bien las conclusiones de las investigaciones de numerosos expertos. La asimetría fluctuante es una unidad de medida particularmente útil para gestionar la capacidad de control del desarrollo; y ello, por varios motivos. En primer lugar, conocemos la solución óptima *a priori*: es la simetría. En segundo lugar, la asimetría fluctuante se desarrolla como respuesta a un espectro muy amplio de factores genéticos y ambientales que tienden a entorpecer los procesos habituales, incluidos los factores genéticos como la endogamia, la hibridación, las mutaciones y hasta cierto punto la homocigosis. Otros factores negativos son de orden ambiental, como la calidad y la cantidad de los nutrientes, los contaminantes, las radiaciones, las densidades de población, los parásitos, los depredadores, el ruido y la luminosidad.

Una buena simetría demostrará al resto del mundo que un determinado individuo tiene un capital genético suficiente para desarrollarse y sobrevivir. Que su metabolismo interno funciona adecuadamente. Este individuo se convertirá, por tanto, en una pareja potencial sana y fértil. O si la naturaleza se ha encarnizado implacablemente en él, en todo lo contrario.

En la Universidad de Alburquerque un equipo de investigadores pudo demostrar la estrecha correlación que existe entre la simetría masculina y el orgasmo femenino. La investigación se había puesto en marcha a raíz de la sospecha —demostrada unos años más tarde— de que las mujeres podían garantizar buenos genes para su descendencia mediante el orgasmo, responsable de una mayor succión de espermas cuando se produce haciendo el amor.

Durante la última década han abundado las investigaciones sobre las preferencias por los rasgos simétricos, así como su potencial reflejo de la salud de un organismo. Los resultados sobre el primer punto son determinantes. Los cuerpos simétricos resultan, definitivamente, más atractivos para la mayoría de animales, incluidos los humanos. Todo en nuestro entorno, desde las flores a los animales y las personas, parece simétrico.

«Tiene mucho sentido utilizar las variaciones simétricas de los individuos de cara a la elección de pareja», explica el biólogo evolutivo Randy Thornhill, de la Universidad de Nuevo México. «Si eliges un compañero perfectamente simétrico, la descendencia resultante tendrá más posibilidades de ser simétrica y por tanto de luchar contra posibles perturbaciones.» Thornhill ha estudiado la simetría durante los últimos quince años, escaneando numerosas caras y cuerpos para determinar, a través de un programa informático, patrones de simetría. Ha concluido que tanto los hombres como las mujeres juzgan más atractivos y más sanos a los demás en función de su nivel de fluctuaciones asimétricas.

Este proceso no siempre es plenamente consciente: las diferencias en los patrones de simetría pueden llegar a ser prácticamente imperceptibles para el ojo humano, aunque sean medibles con un ordenador. Thornhill apuntó otros datos que corroboran la importancia de la simetría en la elección de pareja, como, por ejemplo, que los hombres más simétricos tienen más parejas sexuales que los hombres con más fluctuaciones asimétricas.

Si se me ocurriera explicar a mis amigas que los hombres, primordialmente, están interesados en la simetría de sus facciones, imagino que pondrían cara de incredulidad.

—¡Hombre, claro, pechos a la misma altura más o menos; igual que los ojos! —diría Raquel.

—Sí, pero es más que esto. Se trata de algo mucho más milimétrico y preciso de lo que imaginas. Quiero decir que tu preferencia a bulto por posiciones simétricas es el resultado de un afán desmesurado por descubrir lo mismo en tamaños microbianos a lo largo de la evolución —le contestaría yo.

Y no digamos si formulara la misma pregunta a los hombres:

—¡No había caído en ello! —respondería la mayoría.

Tanto los que se ganan la vida manipulando la belleza al nivel más prosaico como los grandes matemáticos que se han asomado desde la teoría pura a la concepción de la belleza, o como los biólogos ahora, coinciden en el papel fundamental desempeñado por la simetría en la selección sexual. Toda la industria moderna de productos cosméticos y de cirugía estética apunta a conseguir rasgos más simétricos para sus pacientes para seducir al sexo opuesto.

La cara es, efectivamente, el espejo del alma

¿Qué tiene que ver la simetría con la capacidad de seducir? ¿Qué criterios baraja la gente, por ejemplo, para elegir un rostro en lugar de otro?

Cuando las hembras y los varones deciden que una cara es bella, ¿consideran la simetría como un factor importante? Y si es así, ¿por qué motivos: como indicadora de buenos genes, o de buena salud?

En primer lugar, se confirma, definitivamente, que la elección de una cara bella no tiene nada que ver, o muy poco, con la manipulación cultural, sino con factores biológicos. Se desdibujan las tesis de científicos como Diane S. Berry y Nancy Etcoff que atribuyen a convenciones arbitrarias de las distintas culturas las preferencias por un determinado tipo de belleza. De entrada, resulta imposible distinguir —sobre todo en tiempos pasados con un nivel muy rudimentario de estadísticas sobre estas cuestiones— entre las preferencias expresadas por los artistas y los patrones subyacentes de belleza en las masas. ¿Quién puede demostrar que las nalgas macizas y la poderosa espalda del cuadro *La Venus del espejo* de 1613 no eran más que el fruto de las alucinaciones de Rubens, en lugar del reflejo de los patrones generalizados de belleza en la ciudad de Amberes?

La Venus del espejo (1613-1614), óleo sobre tabla de Peter Paul Rubens.

Individuos de culturas dispares y de distinto sexo coinciden al definir los rasgos que marcan la belleza de una cara. Científicos como Gillian Rhodes, de la Western Australia University, Joseph G. Cunningham, de la Brandeis University, Massachusetts, y sobre todo Paul Elkman, de la Universidad de California en San Francisco sentaron, definitivamente, la universalidad de las emociones básicas, así como la coincidencia en las preferencias por un determinado patrón de belleza, al margen de la cultura específica de cada pueblo. Por otra parte, los recién nacidos muestran preferencias claras antes de que les haya podido influir el entorno cultural. Estudios recientes efectuados en el curso de esta década por Adam J. Rubenstein, entre otros, han detectado la preferencia de los bebés por determinadas caras, años an-

tes de que los condicionantes culturales del entorno hayan podido imprimir su sello.

A pesar de la dificultad que entrañan las pruebas desde el punto de vista estadístico —dada la calidad de las muestras, la complejidad de las mediciones y su valor relativo con relación a orden de preferencias—, se cuenta con una investigación de gran valor científico que resume cuidadosamente todos los ensayos parciales efectuados. Se trata de los trabajos de Gillian Rhodes, de la Facultad de Psicología de la Universidad de Australia Occidental.

Los tres criterios estrella elegidos por Gillian Rhodes son los siguientes: la gente elige caras que representen promedios poblacionales, que denoten menores niveles de fluctuaciones asimétricas y que respeten el dimorfismo sexual de la especie. Aunque nos cueste aceptarlo, William James estaba de nuevo en lo cierto cuando afirmaba que «nuestras facultades innatas se han adaptado, anticipadamente, a las propiedades del mundo en que vivimos».

Las caras que destacan por acercarse más a los rasgos promedio son las menos singulares. Si una cara promedio indicara también buena calidad genética, constituiría una buena candidata para ser un marcador biológico de preferencias. Los especialistas han sugerido, por lo demás, que los rasgos promedio denotan cierta estabilidad en el crecimiento, así como capacidades para soportar el estrés. Por eso son atractivas y se ha podido comprobar que a medida que se acercan al promedio todavía lo son más, y en menor medida cuando se alejan.

En cuanto al dimorfismo sexual —el conjunto de rasgos específicos que diferencian a los hombres y las mujeres—, es sabido que aumenta en la pubertad, que constituye un claro indicador de que se está alcanzando la madurez sexual y, por lo tanto, el potencial reproductor. Aquí lo curioso es que los rasgos exageradamente femeninos resultan netamente más atractivos que los rasgos marcadamente masculinos; en otras palabras, una feminidad acentuada es una señal de salud y competencia inmunitaria en mayor medida que los rasgos exageradamente masculinos.

Algunos autores sugieren que esta diferencia entre los géneros puede ser, simplemente, el resultado de asignar a la personalidad femenina atributos como mayor calidez, menos ánimo de dominio, mayores dotes de cooperación, honestidad o cierto sentido de la maternidad. Aparentemente, lo anterior se contradice con el hecho comprobado de que durante el ciclo menstrual, al alcanzar la fase de fertilidad, las mujeres cambian sus preferencias a favor de rasgos marcadamente masculinos. En esta fase las mujeres los prefieren morenos, tal vez porque los rasgos más masculinos indican, a pesar de todo, salud y esto aportaría, indirectamente, ventajas genéticas.

A medida que se profundiza en el conocimiento de las asimetrías biológicas se hace más patente la importancia trascendental de la heterocigosis en los individuos. Cuanta mayor es la heterogeneidad genética, mayores son las posibilidades de que virus e insectos se enfrenten a genes insospechados para ellos. Hay muchas pruebas en el planeta referidas tanto a poblaciones aisladas como a estirpes aristocráticas de los efectos perversos de la consanguinidad. En este

«Un nivel de mutaciones lesivas inferior al promedio.» La modelo británica Kate Moss, paradigma de la belleza.

sentido, es fácil vaticinar, aunque parezca sorprendente, que la creciente mezcla de poblaciones y culturas diferentes redundará en un planeta cada vez más simétrico y por lo tanto más bello y por lo mismo más sano. Nada impediría que esta bonanza afectara también a las características mentales.

En animales no humanos el nivel de fluctuaciones asimétricas refleja defectos de inestabilidad en el crecimiento que, además, aumentan con la endogamia, la homocigosis, la carga parasitaria, las dietas insuficientes y la contaminación. También en los humanos las fluctuaciones asimétricas aumentan con la endogamia, los nacimientos prematuros y los retrasos mentales.

En cuanto a la cara, en lugar del cuerpo, las pruebas son menos concluyentes. También en los humanos las asimetrías del rostro van asociadas a determinadas anomalías cromosómicas, pero no hay pruebas generalizadas de que la simetría facial sea un indicador de salud. Lo más probable es que así fuera en el pasado y que, justamente, debido a ese antiguo vínculo entre la simetría facial y la salud —que la medicina moderna ha truncado— se hubiera desarrollado la preferencia sexual por no sólo los cuerpos, sino también las caras simétricas. El hecho de que en entornos duros y atrasados subsista el vínculo entre la simetría facial y la salud apoyaría esta tesis.

La relación entre una buena forma física y el grado de asimetría fluctuante parece innegable. De ahí que los estudios realizados sobre la relación entre la simetría, la supervivencia y la selección sexual se hayan centrado en una multitud de rasgos genéticos o en aquellos pocos que son vitales para conservar una buena forma física, sobrevivir y reproducirse. Las hembras de las golondrinas *Hirundo rustica* —las mismas que solían anidar, durante mi infancia, en la habitación desocupada que llamábamos del monje, situada en los bajos delanteros de la masía familiar en el Ampurdán— prefieren a los machos con colas bien simétricas y desdeñan a los que las tienen desaliñadas. Ahora bien, el enamoramiento fácil de las golondrinas por los machos con la cola simétrica no es caprichoso, en el sentido de que no responde a un solo rasgo genético de carácter ornamental. Está claro que la perfección de la cola garantiza una mayor capacidad de maniobra durante el vuelo, y las golondrinas pasan la mayor parte de su vida volando.

Por último, sería muy difícil precisar cómo sienten o imaginan las plantas y los animales las peculiaridades de su entorno, pero, en cambio, sí podemos deducirlo indirectamente midiendo sus niveles de asimetría. La asimetría —como señalan A. Richard Palmer, de la Universidad de Alberta, Canadá, y Thérèse Ann Markow, de la Universidad del Estado de Arizona, entre otros investigadores— integra de forma coherente las consecuencias de los efectos disruptivos del entorno. Dado que el fenotipo óptimo es simétrico porque mejora el rendimiento, cualquier desviación de un patrón perfectamente simétrico puede considerarse como una solución imperfecta a un problema de diseño, solución que dará problemas de rendimiento en el futuro.

Los bailarines con menos fluctuaciones asimétricas son mejores

Si a un humano prehistórico le resultaba complicado poder escapar de las garras de un león, más difícil sería su intento por sobrevivir si sus piernas tuviesen una longitud desigual. Prueba de ello son los esqueletos de los indios prehistóricos que demuestran que los individuos más viejos tenían huesos más simétricos que los que morían más jóvenes. Esto es particularmente revelador porque el modelado permanente de los huesos durante la vida, generalmente, causa una asimetría cada vez más acusada en los humanos más viejos.

De acuerdo con Steve Gangestad, psicólogo evolutivo de la Universidad de Nuevo México, en todas las culturas humanas se ha valorado la belleza femenina por encima de cualquier otro atributo, pero la importancia otorgada a la belleza es todavía mayor en aquellas civilizaciones que sufren el impacto de los parásitos, como es el caso de la malaria, la esquistosomiasis u otros parásitos violentos.

La selección constante contra la asimetría empieza ya entre el espermatozoide y los óvulos en las hembras de las especies que se reproducen por fecundación interna. Tan sólo una pequeña parte de los gametos sobrevive y, en general, los excluidos son aquellos con fenotipos desviados. Esta selección es, aparentemente, un fenómeno muy extendido. Los huéspedes pueden evitar de forma segura los efectos debilitantes de los parásitos si desarrollan un sistema inmunitario eficiente, siendo el funcionamiento del sistema inmunitario de los humanos una de las actividades fisiológicas más costosas, sólo comparable al funcionamiento del cerebro.

Existen indicios claros —como apuntaron Ivar Folstad y Andrew John Karter, de la Universidad de Tromso, Noruega, en 1992— de que en las aves el sistema inmunitario está implicado directamente en la señalización sexual y de que, en términos más generales, las defensas inmunitarias desempeñan un papel en la selección sexual puesto que, como se vio, algunos rasgos sexuales secundarios como la simetría reflejan la competencia inmunitaria de los individuos.

Una de las variantes más novedosas a la hora de aquilatar el nivel de asimetría fluctuante es la utilización de la expresión corporal en la danza como símbolo de ese nivel. El experimento fue dirigido por Robert Trivers, actualmente catedrático de antropología en la Rutgers University, New Brunswick, Nueva Jersey, en el curso de sus largas estancias en la isla de Jamaica.

Hasta ahora se desconocía qué revelaba la danza sobre las características del genotipo del que bailaba, suponiendo que significara algo. Para empezar, se dividió a los participantes en el ejercicio en dos grupos en función de sus asimetrías fluctuantes medidas por las particularidades de los codos, las muñecas, el tercer, cuarto y quinto dedos, los pies y las orejas. El objetivo era contestar a las dos preguntas siguientes: ¿reflejan las dotes para la danza una asimetría fluctuante reducida? ¿Es el efecto mayor en los varones que en las hembras?

Las conclusiones dieron respuestas afirmativas a las dos preguntas planteadas en términos casi inequívocos. En primer lugar, la investigación arrojó una correlación clara entre la simetría y la capacidad para la danza. En segundo lugar, dado que los varones asumen en promedio una menor inversión parental que las hembras, era lógico que en el primer caso prevalecieran los ademanes característicos del cortejo, mientras que en el caso de las hembras prevalecieran los afanes discriminatorios a la hora de elegir pareja. Era la manera de contestar, también afirmativamente, al segundo objetivo de la investigación.

Más allá de todo el listado de detalles concretos que demuestran la relación entre las fluctuaciones asimétricas y la selección sexual está el argumento arrollador de lo que yo considero una de las grandes paradojas de la evolución. En cierto modo, el sistema inmunitario fue el primer cerebro de los organismos vivos. Algunos de ellos, a diferencia de los homínidos, no sintieron nunca la necesidad de desarrollar un sistema cerebral, menos impreciso y más sofisticado que el sistema inmunitario. Pero tanto en un caso como en el otro, en el complicado y gran consumidor de energía que es el sistema inmunitario, como en el todavía más sofisticado y acaparador de la energía total disponible —más de un 20%— que es el sistema nervioso y cerebral, recurrieron a las fluctuaciones asimétricas para decidir cuestiones de selección sexual.

Causas no metabólicas del amor

¿Qué otros elementos conocemos que nos condicionen a la hora de elegir pareja? ¿Por qué nos enamoramos, más allá de los poderosos condicionantes físicos que a través de la simetría hacen particularmente deseables a ciertos individuos? En otras palabras, nos gustaría elaborar una tabla explicativa de las excepciones que también se dan, por supuesto, en los arrebatos de amor. Lo que es verdad en millones de organismos durante millones de años puede no serlo en un individuo. Hay quien se enamora por Internet sin haber vislumbrado siquiera la imagen impresa por el sistema inmunitario ni las feromonas que la transmitan.

Ahora bien, en el ámbito de las excepciones o causas distintas al impacto del sistema inmunitario o de los mecanismos químicos, nos movemos en un campo mucho menos trillado por las pruebas científicas. Causas excepcionales del enamoramiento que se dan por satisfactorias en un momento dado han sido cuestionadas por las últimas pruebas efectuadas en los laboratorios. Y a la inversa, verdades que lo parecen sólo a medias resultan tener mayores visos de realidad de lo que se anticipaba al comienzo. Algunos ejemplos bastarán para poner de manifiesto la fragilidad de esa búsqueda.

Uno de esos elementos poco cuestionable es la proximidad: tendemos a enamorarnos de personas cercanas, con las que tenemos relación diaria. Y ambos sexos se enamoran, generalmente, de aquellos con valores y orígenes similares. No resulta demasiado sorprendente que la gente se sienta atraída hacia aquellos individuos con los que comparten actitudes y valores. Así lo confirmó la psicóloga Eva Clonen, de la Universidad de Iowa, en 2005, estudiando a parejas de recién casados. Este tipo de rasgos son muy visibles en los demás, y pueden desempeñar un papel destacado en la atracción inicial.

El sentido del humor también puede facilitar una relación de pareja, aunque los hombres y las mujeres otorgan un valor diferente al humor, según Eric Bressler, del Westfield State Collage, en Massachusetts, y Sigal Balshine, de la Universidad de McMaster en Hamilton, Ontario, Canadá. En una investigación de 2005, Bressler y Balshine detectaron que las mujeres tienden a sentirse atraídas por los hombres que las hacen reír, mientras que a los hombres les gustan las mujeres que les ríen las gracias.

¿Cuál de todas las posibles motivaciones ejerce una influencia real? Stephen Emlen y sus colegas de la Universidad de Cornell, en el estado de Nueva York, pidieron a casi mil personas entre dieciocho y veinticuatro años que estableciesen un rango de prioridades de una serie de atributos, que incluían el atractivo físico, la salud, el estatus social, la ambición y la lealtad, en una escala que reflejase lo deseable que consideraban cada atributo. Las más exigentes eran las personas que se consideraban a sí mismas buenos compañeros estables. Valoraban en primer lugar la fidelidad, a la que seguía el atractivo físico, el compromiso para formar una familia, la riqueza y el estatus social. Emlen recalcaba así que «lo que la gente busca en una relación estable es el compromiso para formar familia, la afectividad y la fidelidad sexual».

Sin abandonar las arenas movedizas de las causas no metabólicas del amor se ha sugerido, también, el papel de nuestras propias experiencias emocionales. Esas experiencias afectarían profundamente y condicionarían lo que se considera atractivo o deseable, lo que se espera del amor. En el capítulo anterior vimos la importancia decisiva de la memoria con la que se confrontaba cada nueva experiencia. Por un lado, la búsqueda en el archivo de la memoria de algo comparable al estímulo amoroso en curso crea una dinámica de excelencia progresiva; la línea de tendencia sólo se rompería en el caso de que experiencias emocionales traumáticas del pasado incidieran negativamente en la elección de pareja aquí y ahora.

Por otro lado, lo que aquí se apunta matiza la teoría de los llamados «mapas del amor» configurados por los recuerdos inconscientes y conscientes y por el entorno. Las investigaciones sobre la elección de parejas en gemelos indica que el desarrollo de los mapas del amor es laborioso y depende, marcadamente, de elementos muy aleatorios. El amor en curso no dependería tanto del diseño que aflora como reflejo promedio de amores experimentados en el pasado, sino de la falta de relación o similitud entre el amor en curso y las experiencias pasadas contrastadas individualmente.

Las investigaciones llevadas a cabo por expertos como el doctor Jim Pfaus, de la Concordia University, Montreal, Canadá, plantean la duda de si el conjunto de características que un individuo considera atractivas en otro podría formarse durante un periodo crítico para el desarrollo de la conducta sexual. Plantea que estas características podrían fijarse por medio de la recompensa sexual, incluso en aquellos animales, como las ratas, que en principio no viven en pareja. Puede condicionarse a las ratas a preferir un tipo determinado de pareja por medio de un estímulo, como por ejemplo, que miembros del sexo opuesto huelan a limón. Este tipo de investigación podría arrojar luz sobre la comprensión de preferencias poco frecuentes, como los fetiches humanos, que se desarrollan pronto y son casi imposibles de cambiar. El fetichista vincula objetos como los pies, los zapatos, juguetes o pelotas, que tienen una relación visual con experiencias sexuales infantiles, con la gratificación sexual. Es difícil, no obstante, otorgar una vigencia generalizada a motivos que explican, únicamente, comportamientos de colectivos muy minoritarios.

Hemos dejado para el capítulo siguiente la capacidad de imaginar, fundamental en el ámbito cultural de los fetiches. La diferencia fundamental entre el antecesor que compartimos con los chimpancés y otros homínidos radica, justamente, en la capacidad de imaginar. Podemos elucubrar sobre la existencia de Dios, decidir que «somos» una nación, estresarnos tremendamente imaginando amenazas que no existen o que nada vale la pena fuera del ser amado. Mi intuición me dice que sólo existen dos fuentes primordiales, explorada una hasta la saciedad en los laboratorios científicos. Me refiero al nivel de fluctuaciones asimétricas como indicador de la belleza y la capacidad metabólica de un organismo. La otra, totalmente virgen, nos lleva a adentrarnos, a duras penas, en el poder fascinante y desconocido todavía de la imaginación. Las dos asentadas en el soporte de la memoria. Todas las demás causas palidecen frente al ímpetu arrollador del primer cerebro de los humanos, su sistema inmunitario y el más evolucionado: su capacidad de imaginar algo tan insondable como el amor.

Capítulo 7
El poder de la imaginación

No te irás sin verme dormida. Porque no dejaré que te vayas sin antes tocar tus cabellos con la yema de mis dedos. Y dormirme después a tu lado.

(Mensaje enviado desde la orilla
del lago Atitlán, Guatemala)

Edouard Francisque era ministro de Hacienda en el Gobierno de Jean-Claude Duvalier, Baby-Doc, que sucedió a su padre, el dictador François Duvalier, más conocido como Papa-Doc. Como representante del Fondo Monetario Internacional en el Caribe yo asesoraba a Francisque en la administración del crédito contingente concedido al Gobierno de Haití. Fue él, licenciado por la Sorbona, quien me desveló el poder de la imaginación en cuestiones de amor.

En repetidas ocasiones, escondido detrás de sus gafas negras, se ausentaba mental y repentinamente ante los ojos atónitos de los visitantes ilustres del mundo occidental que me habían solicitado una entrevista con el ministro de Hacienda. Ante los gestos de sorpresa de los visitantes por el silencio inesperado y la profunda meditación del ministro sin previo aviso, yo les hacía gestos con mis dos manos extendidas de que esperaran. Terminada la entrevista y el trance, les explicaba que Francisque se había ausentado durante un rato, simplemente porque estaba dialogando con Erzulie, la diosa del amor en la cultura vudú.

Sabía, pues, de los estragos que podía causar en la vida cotidiana y hasta en los despachos oficiales el amor imaginado. Años después estudié con especial ahínco las investigaciones científicas sobre la imaginación, sin olvidarme nunca de Francisque.

Lo rugoso y lo fragmentario de la vida

La capacidad de imaginar también tiene un claro soporte biológico. No abandonamos el recinto del cerebro cuando eliminamos las barreras del espacio y el tiempo. La percepción imaginada del Universo —incluida la del ser amado— está sujeta a los sentidos, fundamentalmente al tacto y la vista. Y tocamos o miramos en función de lo que sabemos.

Cuando gracias a un mayor conocimiento queremos mirar y tocar, nos encontramos con que la luz visible para nosotros constituye una franja minúscula del amplio espectro de longitudes de onda de la radiación. Más allá de la longitud de onda de las radiaciones electromagnéticas, la comprendida entre 380 y 780 nanómetros (un nanómetro es la milmillonésima parte de un metro), más allá de esta franja no podemos captar las radiaciones, tanto las de menor longitud de onda (los rayos ultravioleta, los rayos X y los rayos gamma), como las de mayor longitud (los rayos infrarrojos). Los soportes cognitivos y físicos de la imaginación son tan irrisorios que nuestra sorprendente capacidad para imaginar sigue siendo un misterio.

Con todo, podemos aparcar los impulsos amorosos desencadenados por el sistema inmunitario o las feromonas y adentrarnos, en cambio, en el mundo fantástico de la imaginación y los sueños, donde también se desenvuelve el amor. Pero que nadie se llame a engaño: la conciencia, el alma, la imaginación y los sueños están firmemente asentados en el cerebro y, por lo tanto, sujetos por la camisa de fuerza de los sentidos que con él conectan.

Sabemos cómo crece una planta pero no sabemos cómo nace un gran amor. Si los sueños son —como sugiere el psiquiatra neoyorquino Allan Hobson, catedrático de psiquiatría de la Universidad de Harvard— un delirio sano, entonces podemos intuir que el amor tiene más que ver con los sueños que con la realidad.

El escritor francés André Gide (1869-1951) decía que el género humano se subdivide en crustáceos y sutiles. ¿Y las cosas? ¿Y los objetos que, supuestamente, vemos? La primera división que se impuso fue, acaso, la de las formas que arrojaban un perfil suave como la luna

«El amor pertenece al mundo rugoso como los fractales.» Fractal de un brócoli.

frente a las que poseían una naturaleza rugosa y fraccionada como los fractales.

Los humanos tuvieron que enfrentarse primero con estos últimos entornos, rodeados como estaban por barrancos insondables, montañas esculpidas sin lógica ni sentido, meteoritos de hierro fundido deformados por los fríos viajes espaciales y la tierra ardiente. Las matemáticas y los científicos, sin embargo, se concentraron en el estudio de las formas suaves como la línea recta, la esfera, los triángulos, los cuadrados y los dodecaedros. No es nada extraño, pues, que sepamos tan poco de los sueños y del amor, comparado con el comportamiento de las partículas fundamentales sometidas a temperaturas extremas, como las que imperaban en el comienzo del *big bang*.

El amor pertenece al lado rugoso y fragmentario de la vida y, siendo un producto del sueño, se parece más a una pesadilla que a un sueño propiamente dicho. ¿Por qué? Las pesadillas no son sueños en el sentido literal, puesto que no surgen en la fase REM del acto del sueño, cuando el movimiento rápido de los párpados delata que el organismo, además de estar dormido, está soñando. Las pesadillas acosan la razón cuando dormimos

Eduardo Punset
conversando en
Estados Unidos con
Benoît Mandelbrot,
el inventor de la
teoría de los
fractales.

pero no soñamos. Al contrario de lo que sucede con las pesadillas infantiles, el amor no remite traspasados los treinta años, sino que dura toda la
vida.

A pesar del tiempo transcurrido, recuerdo perfectamente el inicio
chocante del gran amor cuyo final, no menos inesperado, apuntaba en el
capítulo anterior. Conservo en la memoria su sonrisa abierta en medio de
la multitud de la Feria del Libro de Madrid. Debimos cruzar algunas palabras, aunque no fuera más que para intercambiar nuestros e-mails.
Durante el tiempo de la noche que el cerebro dedica a la logística de
archivo de los recuerdos, sólo preservó aquella sonrisa espléndida en
medio del gentío. Ni rastro de todo lo demás. La ubicación en Guatemala,
su desdén por lo que ella llama la moral judeocristiana, la pasión por la
música de Lila Dawson y los rápidos anocheceres del lago Atitlán son
datos neutros que no hicieron mella en el amor latente. Eran simples
excusas para configurar un soporte circunstancial, por si acaso llegaba el
delirio.

He buscado meticulosamente —y a distancia— aquel momento en
que el recuerdo interesado de una sonrisa se transmuta en un gran amor.

Lo sorprendente es que no hizo falta nada. Transcurrió más de un año, en el que se dejó al azar que precipitara el momento del encuentro entre un quasar y una estrella joven. Sería un encuentro cósmico en cualquier lugar del Universo, repetía ella. Pero no dejó de ser un frágil deseo que alimentaba la curiosidad de los dos, sin alterar el estado homeostático del organismo.

Un día, tras intentar explicar su ausencia del ordenador durante dos años —«tal vez porque te sentía con menos intensidad»—, soltó una frase envenenada: «Sólo quiero acariciar tus cabellos con la yema de mis dedos».

Tuvo el efecto de un relámpago caído en el pararrayos destartalado de la masía del Ampurdán una noche de tormenta. Sin solución de continuidad, le dije enseguida la verdad pura y simple: en aquel momento, mi único miedo era desaparecer sin haber tenido la ocasión de contemplarla, por lo menos un instante, con los ojos cerrados mientras dormía. Esta vez el sueño estaba directamente conectado con la amígdala que enviaba señales incesantes para activar los flujos hormonales y los latidos cardíacos. Fue el estallido de un amor hasta entonces apacible, al que no hacía ascos el contagio inminente de un delirio.

¿Qué había ocurrido? Nada. Unos dientes blancos y unas manos gesticulando en la memoria. Una sola vez. Un compás de espera. La señal clara de un deseo insignificante. Nada. ¿Qué provoca un sueño? Nada. O, para ser más preciso, algo igual de insignificante y referido también a cosas minúsculas: la fusión sin esfuerzo de visualizar y sentir emociones alertada por el parpadeo rápido de los ojos cuando activan los sueños. Superada la estrategia de la interpretación de los sueños —idéntica a la calle que no pasa, sin salida, como llamaban en Vilella Baixa a la calle más estrecha y tortuosa del pueblo—, sigue haciendo falta profundizar en el misterio de los sueños, no para interpretarlos, sino para conocer mejor el cerebro.

La camisa de fuerza de los sentidos

Los ojos disponen de comunicaciones nerviosas que conducen directamente a un soporte cerebral vinculado a la coordinación de las emociones y la empatía. Se trata de la zona cerebral del lóbulo órbitofrontal, que desempeña un cometido estratégico decisivo, al conectar la parte del cerebro límbico, responsable de las emociones, con los mecanismos automáticos característicos del cerebro reptiliano y la experiencia planificadora del cerebro más evolucionado o neocorteza. Daniel Goleman, el autor del famoso libro *Inteligencia emocional*, recuerda las funciones de este soporte al analizar la neuroanatomía del beso entre los enamorados: «Cuando dos personas se cruzan la mirada han conectado sus áreas órbitofrontales, particularmente sensibles al contacto visual. Estas áreas ejecutan un cálculo social instantáneo que indica cómo nos cae una persona, qué piensa de nosotros y las decisiones que tomará en función de estos resultados». Se trata de procesos inconscientes que desencadenan los automatismos necesarios para culminar en un beso, en este caso activado antes de que la neocorteza haya tenido tiempo de reflexionar.

La imaginación se asienta, primordialmente, en los conductos visuales. O esto creíamos hasta hace muy poco tiempo. Gracias a investigaciones muy recientes se está comprobando que la información canalizada a través del tacto y, por lo tanto, del contacto físico es primordial. Se ha comprobado que los no videntes que han recuperado la visión ven los objetos que han podido tocar o palpar con mayor precisión que los ajenos a su contacto táctil. Y es sabido desde hace tiempo que una cuarta parte de los niños que no han sido acariciados a menudo tiene un comportamiento más inestable que el resto en la pubertad.

Tanto es así que expertos en robótica emocional como Lola Cañamero, directora del Departamento de Investigación de Sistemas Adaptativos de la Universidad de Hertfordshire, en el Reino Unido, no han dudado en dotar a sus robots de los mecanismos necesarios para que el roce táctil o las palmaditas en la espalda les devuelvan la tranquilidad perdida al haberse salido del campo de acción programado. No sé por qué me extrañó tanto, pues, que aquel amor intangible y lejano que mencionaba antes insistiera en que las yemas de sus dedos pudieran acariciar mi pelo.

Los procesos inconscientes de la imaginación tienen su reflejo en la capacidad metafórica consciente. Todos los indicios apuntan a que esta capacidad surge a raíz de una mutación reciente, ocurrida hace unos treinta mil años. El arqueólogo del cerebro Steven Mithen, de la Universidad de Reading, Reino Unido, la identifica con los primeros ejemplos de mezclas de conocimientos asentados en distintos dominios cerebrales.

—Mi hijo es más fuerte que el hierro —exclamó de pronto, con orgullo, uno de nuestros antepasados, el hombre de Cromagnon.

Alguien estaba vinculando por primera vez un conocimiento asentado en el dominio biológico del cerebro con otro perteneciente al dominio de los materiales. A partir de aquel momento, surgió la capacidad metafórica y se inició el despegue intelectual y tecnológico de la humanidad. Estudiar la habilidad para aplicar a un área del conocimiento lo aprendido en otro campo distinto conduce a la identificación de los factores determinantes del pensamiento creativo.

La creatividad es, por naturaleza, un esfuerzo multidisciplinar, y este esfuerzo sólo puede prosperar una vez asentada la capacidad metafórica. ¿Qué tiene que ver la multidisciplinariedad con el amor romántico? Pues que este último es la antítesis de la primera. Es ésta una conclusión a la que estamos llegando por la vía indirecta de la búsqueda de los factores responsables del pensamiento creativo. Sigamos el camino.

El enamorado no es un pensador creativo

Se está a punto de comprobar un hallazgo que dará respuesta a una de las preguntas que nos hemos formulado repetidamente sin dar con la respuesta. Aun aceptando que no hay un solo cerebro idéntico a otro, ¿por qué descuella uno en particular como más creativo? ¿Cuáles son los factores de la creatividad?

Dejemos los genios y la genialidad para otra ocasión. Olvidemos también ahora las razones —mucho más familiares, desde luego— de la torpeza. Lo que hemos querido saber sin éxito desde hace mucho tiempo es por qué, sencillamente, hay personas que son más creativas que otras. Está claro que hace falta un cierto nivel de inteligencia por debajo del cual es muy difícil la creatividad. Pero también está demostrado que siendo un factor necesario no es suficiente. Vayamos por aproximaciones.

La primera pasa por el descubrimiento de hace ya algunos años —mencionado en el capítulo 3— del neurólogo Simon Baron-Cohen, que no se relacionó entonces con el nivel de creatividad, sino con las diferencias de sexo. Los hombres eran, en promedio, más sistematizadores y las mujeres más empatizadoras; es decir, el sexo femenino nace con una mayor facilidad para ponerse en el lugar de otro y el masculino para lidiar con sistemas como la meteorología, la caza o las máquinas.

Recientemente se ha querido aplicar esta diferenciación a los científicos y a los artistas por separado y se ha comprobado que los científicos son más sistematizadores y los artistas más empatizadores. Hasta aquí todo es normal y explicable. Un artista como Picasso se relacionaba con el resto de los organismos vivos y predecibles mientras que Newton lo hacía con la naturaleza inerte. El primero intentaba comunicar su visión a los demás mediante su pintura y el otro buscar la razón de los sistemas.

La novedad radica en que se está comprobando que el porcentaje de creativos en el mundo del arte es mayor que en la comunidad científica. ¿Por qué? La respuesta tiene que ver con unos circuitos cerebrales que el neurólogo inglés Mark Lythgoe llama inhibidores latentes. Cuando se activan esos circuitos tendemos a filtrar y hasta eliminar toda la información o ruido ajenos a la tarea que se está ejecutando: leer un libro en un tren de cercanías abarrotado de gente, bajar el correo electrónico, escalar una montaña o hacer el amor. Esos inhibidores latentes han permitido focalizar la atención en una tarea en detrimento de lo aparentemente irrelevante, garantizando con ello la supervivencia de una persona o una idea en un momento dado.

Son unos circuitos cerebrales fabulosos para sobrevivir pero —y éste

Isaac Newton
y Pablo Picasso,
dos genios de la
ciencia y del arte
respectivamente.

es el nuevo y sorprendente hallazgo— incompatibles con el pensamiento creativo. Los artistas son, en promedio, más creativos que los científicos, simplemente porque no les funcionan bien los inhibidores latentes. En lugar de concentrarse en el objeto de su investigación, sabiendo cada vez más de menos hasta saberlo todo de nada —como decía Karl Marx de los monetaristas—, los artistas mantienen la mente abierta al vendaval de ideas, consistentes las unas y enloquecidas otras, que les llegan del mundo exterior. No logran focalizar toda su atención en un solo tema, como hacen los científicos.

Ahora resulta que el pensamiento creativo necesita de este vendaval. Es muy fácil leer un libro en el tren cuando los inhibidores latentes funcionan bien. Todo lo que no conviene o es irrelevante no hace mella; ni el ruido ni el pensamiento de los demás. Pero con este tipo de inhibidores es sumamente difícil ser creativo. La creatividad requiere una apertura constante de espíritu y confianza en las ideas y opiniones de los demás, de todo lo que flota alrededor, que difícilmente puede darse cuando los inhibidores no tienen imperfecciones flagrantes. Sólo cuando fallan se puede ser creativo.

En la persona enamorada —obcecada en el ser amado—, el mecanismo de sus inhibidores latentes parece funcionar a la perfección. Son herméticos. Aíslan hasta tal punto del mundo exterior la atención del sujeto que nada puede interferir con la devoción al ser imaginado. De ahí a deducir que el enamoramiento no es la condición óptima para el pensamiento creativo no hay más que un paso; un paso que la historia de los grandes amores tendería a probar.

Mi consejo no es tanto esforzarse en ser creativos —se podrá o no incidir en nuestra estructura cerebral—, como en saber distinguir entre el pensamiento creativo y el que no lo es en los demás. Desconfiemos o seamos compasivos, según los casos, de todos aquellos que, como los enamorados, atraviesan un periodo en que funcionan perfectamente los mecanismos de inhibidores latentes neurológicos. Y confiemos en aquellos cuyos defectos les permiten atender a los sentimientos de los otros, intereses diversos, realidades, quimeras; así como desatender —por lo menos durante un rato— lo que es fruto exclusivo de las ambiciones o ideas de uno mismo.

Imaginar es ver

Dentro de muy pocos años, lo sugerido en los párrafos anteriores tendrá todos los visos de razonamiento infantil, prehistórico y, en todo caso, precientífico. Se está avanzando de tal manera en el conocimiento de los fundamentos neurológicos de la imaginación que, por primera vez en la historia de la humanidad, estamos a punto de «leer» en la actividad cerebral el contenido de los pensamientos conscientes e inconscientes. Gracias a las nuevas tecnologías como la estimulación magnética transcraneal (TMS), la tomografía por emisión de positrones (PET), las imágenes por resonancia magnética funcional (IRMf) o las imágenes de contraste dependientes de los niveles de sangre y oxigenación (BOLD), estaremos en condiciones de desentrañar la visualización mental de los enamorados.

Aparentemente, una cosa es imaginar partiendo de información registrada por los cinco sentidos corporales y otra, muy distinta, ver con los ojos de la mente, a raíz de información inventada utilizando recuerdos. A juzgar por las investigaciones científicas más recientes, deberíamos ir acostumbrándonos a renunciar a la idea de que nuestra capacidad de imaginar es portentosa, indescriptible y diferenciada de los mecanismos ordinarios de la percepción visual y táctil. Podemos imaginar, pero menos de lo que pensábamos, y no somos los únicos en poder hacerlo. El hecho de imaginar no es tan distinto de la percepción sensual y, a nivel biológico, tiene idénticos efectos.

El estado de la cuestión puede resumirse del siguiente modo: primero, al imaginar algo estamos utilizando los mismos circuitos cerebrales que cuando vemos algo; incluidos los circuitos primarios y más elementales de la corteza visual. Segundo: visualizar mentalmente un objeto o una persona desencadena en el cuerpo los mismos impactos que percibirlo; la imaginación de una amenaza potencial activa procesos biológicos como la aceleración de los latidos cardiacos o el ritmo de respiración de la misma manera que cuando se percibe en la realidad.

Si ver e imaginar son procesos tan parecidos, ¿por qué los sentimos de manera distinta? Porque no son idénticos. Al imaginar están activados los procesos visuales pero no aquellos sensoriales o motores destinados a entrar en acción. Como me recordaba un día Giacomo Rizzolatti, catedrático de fisiología humana de la Universidad de Parma, «podemos imaginar que estamos jugando al tenis pero no movemos ni los pies ni las manos». Todo es idéntico, salvo el último paso, el de mover los pies y las manos que, al imaginar, está inhibido. De ahí que uno se pueda entrenar sólo imaginando. Es evidente que la gran mayoría de gente desaprovecha este recurso.

Después de esta constatación, ¿cuántos de mis lectores seguirán creyendo que enamorarse es —para utilizar el vocabulario de los físicos— una transición de fase, un cambio abrupto y espectacular de la estructura de la materia? El enamoramiento será tan sorprendente como una transición de fase del estado líquido de la materia al gaseoso, pero sigue siendo un acontecimiento dominado por las leyes más elementales de la fisiología.

La proximidad de la capacidad de imaginar a los mecanismos reales aflora, también, en la imaginación motora o de movimientos. En las pruebas realizadas por Stephen M. Kosslynn, del Departamento de Psicología de la Universidad de Harvard, y Giorgio Ganis y William L. Thompson, del Departamento de Neurología del Hospital General de Massachusetts en Boston, se ha podido constatar que cuando se le pide a alguien que imagine cuánto tarda en recorrer, pongamos por caso, el camino que le separa de su amada siempre coinciden el lapso de tiempo figurado en el movimiento imaginado y el lapso de tiempo transcurrido para efectuar realmente el traslado. Una vez más, tanto monta imaginar como monta practicar.

En otras palabras, la imaginación mental puede involucrar al sistema motor de tal forma que, imaginando que se efectúan movimientos no sólo se ejercitan las áreas cerebrales involucradas, sino que se construyen asociaciones entre procesos ejecutados por zonas distintas, lo que conduce a comportamientos más sofisticados. De ahí a concluir que los ejercicios mentales pueden mejorar los resultados de determinados comportamientos no hay más que un paso. Pensar en el ser amado puede mejorar la relación amorosa, de la misma manera que practicar crucigramas puede ayudar a mantener la mente despierta.

El camino está abierto para descubrir cómo se codifican en el cerebro las experiencias personales que son el resultado de la percepción visual y, lo que es más importante, cómo descodificar los resultados de experiencias conscientes. Sabremos entonces cosas que nunca hemos barruntado sobre los mecanismos del amor. Habrá, con toda seguridad, aplicaciones menos inocentes de la nueva capacidad para leer el cerebro. En teoría, el uso del lenguaje, incluido el gestual, está bajo el control de la persona observada, pero la lectura cerebral podría, teóricamente, utilizarse para identificar los pensamientos ocultos o subyacentes de los amantes al decir «sí, quiero», o descodificar los estados mentales de delincuentes sospechosos.

El impacto de la cultura en el amor

En una investigación efectuada por Helen Fisher, de la Rutgers University de Nueva Jersey, Arthur Aron, de la Universidad del Estado de Nueva York y Lucy L. Brown, del Albert Einstein College of Medecine, de Nueva York, se sugería que el amor apasionado o romántico surge, aproximadamente a la par que el nacimiento de la imaginación en las primeras especies de homínidos. El dato es extremadamente revelador.

Al contrario que los primates sociales que habían precedido a esos homínidos enamorados, ellos ya eran capaces de imaginar, de construir estructuras mentales mucho más alambicadas de lo que veían en la realidad. Sólo hay dos formas de hacer caso omiso de la realidad: dejándose llevar por el instinto primordial —que mueve a un perro a cruzar la carretera siguiendo a una hembra en celo a pesar del tráfico rodado que le causará la muerte— o imaginando que la realidad es distinta de lo que es —lo que ocurre con el amor—. Los humanos no tienen rival a la hora de imaginar. Antes siquiera de conocerse, Isabella Burton se enamoró del explorador y escritor británico sir Richard Francis Burton; la Malinche, por amor a Hernán Cortés, abandonó a su pueblo, igual que el duque de Windsor renunció al trono por Wallis Simpson; los actores Liz Taylor y Richard Burton asombraron al mundo con su idilio volcánico y, como apunta Rosa Montero, la propia Evita, enamorada de Perón, «se inventó a sí misma y acabó creyendo su propia ensoñación».

El filósofo Alain de Botton, autor entre otros muchos libros de *Del amor*, acierta al decir que «el deseo de amar precede al amado, y la necesidad ha inventado su propio remedio. La aparición del bienamado es tan sólo el segundo acto de una necesidad previa, aunque en gran parte inconsciente, de amar a alguien». A Ian Tattersall, de la sección de antropología del Museo Americano de Historia Natural de Nueva York, le gusta recurrir a un concepto inventado, la «exaptación», para ilustrar la fase que precede a la adaptación en procesos vinculados pero diferenciados en la historia de la evolución.

La «exaptación» es un concepto que apareció por primera vez en 1982 en un artículo de Stephen Jay Gould y Elizabeth Vrba. Con él intentaban explicar el origen de adaptaciones muy complejas a partir de estructuras sencillas. Es una denominación útil para las características que surgen en un determinado contexto, antes de ser explotadas en otro; son rasgos que potencialmente podrían ser útiles para desempeñar un nuevo cometido si hiciera falta. Un ejemplo clásico es el proceso de adaptación de las plumas de las aves. Durante años sirvieron como simples aislantes térmicos; después se usaron para volar.

La diferencia radica en que las adaptaciones son características que sirven para algo concreto y no pueden desempeñar su cometido hasta que no están operativas. Igual que el falso pulgar del panda rojo —que dio título a un ensayo del propio Gould— que usa para manipular el bambú del que se alimenta, aunque en su origen estaba relacionado con el desplazamiento y la caza.

Cuando el sociobiólogo E. O. Wilson, de la Universidad de Harvard, sugiere que en el periodo que va desde hace dos millones y medio de años hasta hace cien mil años el volumen del cerebro aumentó lo que cabe en una cucharadita cada cien mil años, no está diciendo que el gran salto adelante de los homínidos esté exclusivamente vinculado al tamaño del cerebro. Otros animales lo tienen mayor y el hombre de Neandertal no lo tenía más pequeño. El nuevo orden apareció con la capacidad para la conducta centrada en símbolos. No podemos atribuir la consecución de las capacidades cognitivas modernas a una simple culminación de un desarrollo positivo progresivo del cerebro. «Un cerebro "exaptado"», asegura Ian Tattersall, «equipado desde ni se sabe cuándo con un potencial desperdiciado para el pensamiento simbólico fue, de alguna manera, adaptado y aplicado a funciones no probadas hasta entonces.»

Algo muy parecido pudo pasar con el amor de pareja. Contábamos con un cerebro «exaptado» en la búsqueda de la fusión con otros organismos —«¿hay alguien más ahí afuera?», debió de exclamar la primera molécula replicante— y, al igual que los pájaros equipados con plumas para aislarse de los cambios bruscos de temperatura, adaptan esa característica para poder volar mucho más tarde, los humanos adaptan el impulso de fusión a la diferenciación de un organismo específico que concuerda con sus requerimientos individuales.

Los restos fósiles no se prestan a dejar huellas de amor, pero es muy probable que, como apuntaban Helen Fisher y otros científicos, la obsesión por diluirse en el cuerpo del elegido —y no de otros— se hubiera afincado hace unos tres millones de años. En todo caso, no tenemos más remedio que contentarnos con una colección egipcia de canciones dedicadas a la amada escritas en papiro que datan de mil trescientos años antes de Cristo.

La cultura del amor en el tiempo y el espacio

Las actitudes hacia el amor han cambiado a lo largo de la historia, incluida la más reciente. A la admiración de los griegos clásicos por el amor homosexual le sucedió el repudio cristiano de esa forma de amar que en el siglo XXI ha encontrado, no obstante, un paraguas legal que lo protege en la legislación de los países más avanzados.

Entre los siglos XVI y XVIII el amor lesbiano —la canalización de las emociones más profundas de una mujer hacia otra con o sin contacto sexual— no suscitaba reacciones adversas. En su libro *Vies des dames galantes*, el escritor francés Pierre de Bourdeille, Seigneur de Brantôme (¿1540?-1614), lo describe con todo lujo de detalles. La actitud frente al amor entre mujeres —relaciones emocionales parecidas al amor romántico— cambia radicalmente en el siglo XX. Según Lillian Faderman, profesora de lengua inglesa de la California State University y autora de libros sobre el lesbianismo a lo largo de la historia, las raíces del cambio de actitud hay que buscarlas en la incorporación de la mujer a las relaciones de poder, circunstancia que obligaba, por parte de los varones, a tomar en serio sus comportamientos.

Tal vez el caso de España merezca una mención breve pero especial. Los españoles han descrito mucho mejor el amor divino que el amor humano. Hasta fechas muy recientes, las actitudes hacia el amor sexual han estado dominadas por el pensamiento de escritores árabes del siglo X como Ibn Hazm, que inspiraron gran parte de la literatura provenzal sobre el amor siglos después. A título de ejemplo de la concepción un tanto restringida del amor romántico en la tradición española, vale la pena recordar la opinión de Ibn Hazm sobre el flechazo amoroso al que nos referimos antes. El filósofo árabe lo tiene muy claro: «No puedo sino sentirme atónito cuando alguien me asegura que se ha enamorado a primera vista. Me cuesta creerlo, y creo que su amor es fruto de la concupiscencia».

En una incursión olvidada e interesantísima por el alma amorosa de los españoles, efectuada siglos después por la escritora británica Nina Epton —concretamente en 1961—, se puede constatar el siguiente retrato que no creo que sorprenda a muchos de mis lectores contemporáneos: «El español medio es demasiado orgulloso, demasiado egocéntrico y demasiado intolerante como para poder fundir su personalidad con la de otro ser humano. Un sentido exagerado del honor es un rasgo narcisista característico de los españoles, que son individualistas y amantes del monólogo. No comprenden o admiten el diálogo, y esto complica extraordinariamente la convivencia».

La escritora británica se dirigía a un profesor universitario, español, generoso y bienintencionado, que se prestó a contrastar y valorar los hallazgos de la exploradora de culturas. «¡Mi única esperanza es que nuestro acercamiento a Europa se detenga antes de llegar al estadio en el que se encuentran ustedes, frente a los vastos porcentajes de divorcios, hogares rotos y delincuentes juveniles!», exclamó el profesor.

He querido hacer referencia a los cambios constantes en las actitudes sociales frente al amor para dejar bien claro que el amor en sí mismo no ha variado a lo largo de la evolución. Sigue siendo lo que era hace millones de años. Los que creen en el amor están de acuerdo en que, como dice la escritora Sheila Sullivan, «el sexo está involucrado, la ilusión predomina, la obsesión es inevitable, el grado de control consciente es muy modesto y el tiempo de gloria muy breve».

Es preciso recalcar el carácter ilusorio del amor o, si se quiere, el papel desempeñado también por la imaginación y no sólo por el nivel de fluctuaciones asimétricas y las feromonas. En la historia del arte se encuentran no una, sino varias imágenes bellísimas, incluidas estatuas griegas, que sirvieron de pretexto a más de un admirador para activar los mismos mecanismos que las feromonas regulan en los demás mamíferos. El pintor florentino del Renacimiento Fra Bartolomeo (1475-1517) creó un lienzo de san Sebastián tan sensual y evocador que la reacción del público femenino, perturbado por la imagen, llevó al clero a retirarla. Se diría que el ojo de la mente, en definitiva, puede conectar con los circuitos cerebrales del placer y la recompensa sin necesidad de feromonas.

Relaciones íntimas con las máquinas

¿Hacía falta la eclosión del mundo digital en el siglo xx para que nuestra especie se familiarizara con escenarios simulados? ¿Alguien puede pretender que la inmersión en mundos virtuales como los de Internet implica un *tour de force* inalcanzable para organismos acostumbrados a imaginar despiertos? Hoy ya es prácticamente insostenible mantener que lo que nos separa del resto de los animales es la capacidad de fabricar herramientas, o la de comunicarnos entre nosotros mediante el lenguaje o incluso la de soñar —¡que contemplen si no a mi perra, sumida en su sueño profundo, gimiendo por no alcanzar el objetivo pero sin dejar de mover las patas delanteras como si estuviera trotando en campo abierto!—. Lo único que nos distingue del chimpancé es nuestra capacidad metafórica para ornamentar a la persona sentada al lado de sus padres en la mesa contigua en el café con los atributos que dan sentido a nuestras vidas.

Cuando Walt Disney diseñó en Orlando, Florida, el parque temático Animal Kingdom, repleto de animales reales, los primeros visitantes del parque se quejaron de lo aburridos que eran los animales biológicos comparados con los virtuales. A diferencia de los diseñados por Walt Disney, los cocodrilos biológicos, simplemente, ¡se tumbaban al sol sin moverse lo suficiente!

En esta cultura de la simulación, al crecer los niños conocen la simulación y tienden a utilizarla en lugar de la biología como criterio de referencia. Posiblemente, su concepto de lo vivo y lo inerte ha cambiado. En opinión de científicos como la psicóloga especializada en psicoanálisis Sherry Turkle, del Instituto de Tecnología de Massachusetts (MIT), se trata de cambios muy profundos. No es seguro que sea así o, por lo menos, sólo parcialmente. De pequeños ya hablan con sus muñecos y de mayores se enamoran perdidamente de seres fabricados, también parcialmente, por su imaginación. Es una cuestión de grado.

Además del supuesto cambio en la concepción de lo vivo y lo inerte, se podría alegar que también cambian los contenidos de los vínculos afectivos. Los niños se crían con el correo electrónico y con teléfonos móviles que llevan su propio correo. Están encadenados tanto a sus amigos como a sus padres, de manera que las pautas de separación ya no son exactamente como antes. Nadie conoce el sentimiento de ser Huckleberry Finn en el Mississippi, es decir de ser el único responsable de uno mismo. Se podría aducir que el tipo de soledad ya no es el mismo.

En realidad, nunca fue fácil disfrutar de ambas cosas: de lo virtual y lo real. La gente se siente sola pero teme la intimidad. Esta paradoja está en pleno epicentro del sufrimiento humano. Tanto el amor, desde tiempos inmemoriales, como el ordenador o el robot hoy en día ofrecen una solución aparente a esta paradoja, porque con el ser amado, el ordenador o el robot puedes estar solo, pero no sentirte solo.

Todo lo que antecede ¿es realmente distinto del mundo fabulado y del arte que constituyó la primera gran simulación de los humanos? La simulación digital en curso tendrá efectos distintos de los que tuvieron las pinturas rupestres de las cuevas de Altamira o los personajes inventados de Romeo y Julieta? De nuevo, tal vez la diferencia sólo sea de grado.

Es cierto que para el acceso al mundo virtual ya no dependemos exclusivamente del amor romántico o de Fra Bartolomeo. La profundización del conocimiento aplicado, la tecnología, abre caminos paralelos, como robots programados para inspirar en la gente la idea de que es posible entablar una relación con las máquinas. Pero, con toda probabilidad, el amor, el miedo y la ansiedad, el desprecio, la alegría y la tristeza, seguirán invadiendo nuestras vidas como antaño con el solo valor añadido, comparado con los chimpancés, de que a nosotros nos basta imaginar aquellas emociones sin causa real que las suscite.

Capítulo 8
Construir un futuro común

Hechicero de océanos, de ruidos y memoria. Me confundes y no puedo olvidarte.

(Mensaje hallado en el móvil de X)

Gracias a razones evolutivas sin fin, como el tamaño de la pelvis o la invisibilidad del ciclo fértil de la mujer; al funcionamiento incesante de circuitos cerebrales, principalmente los del placer y la recompensa; al trasiego de hormonas, muy en particular la oxitocina y la dopamina, o de sustancias químicas señalizadoras de cuanto acontece; gracias a todo esto, ya tenemos a los enamorados viviendo juntos.

La tela de araña fruto de la convivencia y el tiempo —más frágil, todo sea dicho, que la de las arañas— se construirá gracias a instrumentos portentosos y contradictorios que modularán el resultado final.

La psicóloga experimental Dorothy Tennos distingue las siguientes etapas. La estrategia de fusión mutua, primero. Después, la construcción del nido, es decir, el soporte material, social y todo lo necesario para la perpetuación de la especie, incluidas las relaciones laborales. En esa construcción del nido, en la supuesta sociedad de la abundancia, adquieren una importancia creciente los efectos imprevisibles de los nuevos compromisos sobre los ya adquiridos.

Ese instrumento modulador de la vida de la pareja suele ir muy vinculado al último y más complejo de todos: la negociación de los márgenes respectivos de libertad e intimidad individual. Por último, todo lo anterior está condicionado a la resistencia de los materiales biológicos, incluidos los circuitos cerebrales por donde fluye el torrente inconsciente de los flujos hormonales.

Hablando la gente se confunde

Antes de adentrarnos en los recodos de la tela de araña, es ineludible traer a colación que el primer cometido de la pareja es entenderse. La verdad es que las bacterias parecen tenerlo más fácil. Cuando se trata de sistemas de comunicación, no siempre los más complejos funcionan mejor. Las bacterias recurren a un mecanismo llamado «percepción de quórum» —*quorum sensing*, en inglés— que, a pesar de ser organismos unicelulares, les permite gozar de las ventajas de los organismos complejos. Gracias a la percepción de quórum pueden incidir sobre la expresión genética de un conjunto de bacterias y, por lo tanto, sobre su comportamiento y futuro individual o colectivo. Se ha comprobado que lo hacen para tareas tan diversas como la simbiosis, la virulencia, la competencia o la formación de películas biológicas que pueden dar lugar a infecciones u obturar conducciones de agua.

El secreto radica en la emisión de unas sustancias químicas —a las que se hizo referencia en el segundo capítulo, al mencionar la primera molécula replicante— llamadas autoinductores. Como explican Christopher M. Waters y Bonnie L. Bassler del departamento de Biología Molecular de la Universidad de Princeton en Nueva Jersey, todas las bacterias son capaces de producir, soltar, identificar y responder a esas señales. A partir de un nivel mínimo de respuesta, el suficiente para poder combatir al sistema inmunitario del huésped, por ejemplo, entra en función la comunicación. Si los autoinductores reflejan, al contrario, una densidad de población bacteriana desorbitada, actúan de modo agresivo y destructivo. Lo mismo ocurre con las ratas y menos —hay que confesarlo— en los homínidos.

Entre los patógenos humanos que utilizan la percepción de quórum figuran los causantes de infecciones graves en las víctimas de quemaduras. La muerte de millones de personas en la Edad Media por culpa de la peste bubónica también fue por consenso. Lo que da idea del alcance que puede tener un buen sistema de comunicación.

Afortunadamente, en el laboratorio de Agricultura del Cornell College, en el estado de Nueva York, se logró, por vez primera, cristalizar y

«Las bacterias se confabularon para desarrollar la peste bubónica.» Miniatura veneciana del siglo XIV que representa la peste que asoló Europa. Biblioteca Marciana, Venecia.

purificar una de las principales proteínas responsables de la percepción de quórum. Ahora se sabe que en el mundo bacteriano hay una gran diversidad de moléculas que tiene como función la comunicación entre células, lo que permite anticipar la manera de interferir con el lenguaje bacteriano o, para decirlo en términos más familiares para los humanos, aplicar un lavado de cerebro a las bacterias en beneficio nuestro.

Resulta intrigante descubrir las ventajas del sistema de comunicación bacteriana comparado con el de organismos llamados superiores. Les permite actuar cuando «saben» que el número de individuos en la proximidad asegura el éxito de la función que van a llevar a cabo; por ejemplo, emitir luz o formar una película para colonizar una superficie. No hablan en balde, como ocurre con los homínidos, y su lenguaje puede ser específico o por grupos de bacterias relacionadas entre sí. Ningún problema de representación directa o indirecta.

Sugería que, a la hora de comparar los dos sistemas de comunicación, el de las bacterias con el de la pareja de homínidos, este último sale peor parado, a pesar de su mayor complejidad. Veámoslo.

Nuestro sistema monógamo, al contrario que los gorilas, se simultanea con comunidades de vecinos, lo que amplía el campo de la incomprensión recíproca a grupos muy numerosos. No hay más que observar el funcionamiento de cualquiera de estas comunidades o la comunicación entre regiones y naciones para darse cuenta de que cualquier modificación de la expresión genética de esos entes es muy problemática. Recordemos que una de las cosas que más preocupaban a Darwin a la hora de casarse era, precisamente, entenderse con los familiares de su futura esposa.

Después de las investigaciones que, de manera independiente, realizaron Noam Chomsky, el lingüista estadounidense creador de la gramática generativa, y el canadiense Steven Pinker, profesor de psicología en la Universidad de Harvard, ya conocemos casi todo el origen y la funcionalidad del lenguaje. Para resumir lo que nos interesa en el contexto que barajamos diremos que, en contra de la opinión mayoritaria, el lenguaje puede servir para entenderse pero, sobre todo, está diseñado para confundirnos.

Es difícil encontrar un atributo más sobrevalorado que el lenguaje hablado. No sólo se atribuye a la aparición del lenguaje el nacimiento de las artes, la religión y la ciencia, sino que la facultad de hablar sería, incuestionablemente, el factor diferenciador del hombre ante el resto de los animales. Se trataría, además, de algo irreversible, puesto que es una facultad innata. Nosotros hablamos y ellos no. Por otra parte, al lenguaje se atribuyen logros portentosos que van desde la aplicación de terapias cognitivas y la selección sexual hasta la instrumentación de la paz mundial mediante el diálogo.

El antropólogo Chris Knight ha sugerido, con razón, un esquema diferente. Al lenguaje le precedió una revolución social de la que éste sería, simplemente, un subproducto. ¿Por qué creo que Chris Knight ha dado en la diana? Para que el lenguaje se desarrollara, tal vez hizo falta un gen. Pero siendo importante, eso no fue lo esencial. Sólo cuando un colectivo ha desarrollado un espíritu de cooperación con los demás, ritos centrados en los vínculos contraídos por el sexo, la política o la vida social, y ha creado un protocolo de conducta que auspicia pasos en un determinado orden y no en otro, sólo entonces aparece el lenguaje indispensable para sellar ese tipo de compromisos y de sociedad.

No obstante, en la vida moderna se utiliza el lenguaje sin miramientos por el caudal social que le vio nacer. Suele ser un lenguaje grosero, lleno de improperios para no colaborar, sin referencia al tacto, al respeto del protocolo, a los vínculos contraídos, a la confianza mutua. Se diría que en las sociedades modernas la sugerencia del antropólogo Chris Knight no tiene sentido. Se puede perder el tacto, la delicadeza, el ánimo de salvar las apariencias, el respeto mutuo, el imperio de la ley basada en el consentimiento colectivo, sin perder la capacidad de hablar. ¿Pero le queda algo al lenguaje de sus orígenes nobles y rituales?

El bipedismo liberó las manos para poder hablar gesticulando y el lenguaje vocalizado, a su vez, liberó a las manos para poder fabricar máquinas y herramientas después. Se trata de un proceso muy largo que no culminó hasta hace unos treinta mil años cuando nuestros antepasados directos irrumpieron en los ámbitos del arte, la religión y el pensamiento técnico.

Muchas otras especies se comunican mediante el lenguaje —principalmente, los pájaros, los mamíferos marinos y los primates—, pero la gran diferencia entre el lenguaje de los pájaros y el nuestro radica en que nosotros no lo utilizamos únicamente para expresar estados emocionales, sino para intuir —con el ánimo de modificarla, manipularla o, si se quiere, mejorarla— la mente de los demás.

El ornitólogo norteamericano David Rothenberg ha comprobado que incluso determinadas especies de pájaros «cantan innecesariamente bien», ya que para la mera demarcación del territorio y la elección de la hembra su canto es exageradamente sofisticado. Cantan por otros motivos; posiblemente, para disfrutar y embelesarse con la belleza de su trino que se parece más de lo que creemos a la música. O bien, simplemente —como sabemos todos los que hemos domesticado pájaros—, porque están tristes tras haberles cambiado de sitio.

¿Para qué había servido el antecesor del lenguaje hasta el periodo que termina hace treinta mil años? Para poca cosa, analizado con la mentalidad de hoy día. Estuvo vinculado a las soflamas o gruñidos que preceden el acto de tirar piedras contra lo que se ama o detesta. Se sabe también que hasta un 30% del tiempo de nuestros antecesores los chimpancés servía para dar curso al cotilleo, que acompañaba la acción social y solidaria de sacarse las pulgas unos a otros, la ocasión pintada para intercambiar información social.

El antropólogo británico Robin Dunbar descubrió que cuanto más numeroso es el grupo, más tiempo se dedica a la limpieza y al cuidado del otro; con toda probabilidad, no porque haya más pulgas, sino mayor necesidad de intercambiar información social. Para Dunbar, las interminables sesiones de limpieza y chismorreo social constituyen las raíces del lenguaje. Resulta que también se prolongaban las sesiones dedicadas a matar pulgas y otros parásitos en función de la inestabilidad sexual. Lo que lleva de la mano a la otra gran finalidad del lenguaje en nuestros antepasados los primates: la selección sexual. En otras palabras, el lenguaje parecía acantonado —como sigue ocurriendo en un buen porcentaje de las poblaciones modernas— en la vida social y en el chismorreo apuntalado en el fútbol, la vida de los famosos y el sexo.

Para conjurar la estructura de la mente primordial se ha recurrido, a menudo, al concepto de navaja suiza, que sirve tanto para cortarse las uñas como para descorchar una botella de vino. El problema de turno se solventaba recurriendo, según los casos, a la cuchilla u hoja adecuada; por separado y sin la ayuda de un microordenador central que coordinara los distintos instrumentos de la navaja para una misma acción. Pero el modelo de la navaja suiza no es obviamente el modelo de la mente moderna.

Una navaja suiza, un modelo opuesto al de la mente humana.

Sin lugar a dudas, el arqueólogo de la mente Steven Mithen es quien mejor ha esbozado el largo camino que desemboca en la mente moderna. En lugar de la metáfora de la navaja suiza, él utiliza el símil de una catedral en la que las distintas capillas están, en el inicio, totalmente incomunicadas. El antecesor común de todos los chimpancés, homínidos y monos hace más de treinta millones de años habría funcionado con una nave principal donde actuaba la inteligencia general aplicable a todas las situaciones. Si acaso, contaría con la ayuda

incipiente de una capilla dedicada a la inteligencia social, que fue la primera en edificarse.

En una segunda fase —seguramente hace dos millones de años— la nave principal contaba ya con la ayuda complementaria de varias capillas especializadas en dominios de conocimiento que ampliaban profundamente la capacidad de solucionar problemas. Pero todavía faltaba mucho tiempo para que se diera curso a la creatividad mediante las interrelaciones entre las diferentes capillas y la nave principal.

Por último, hace tan sólo unos treinta mil años los homínidos empezaron a transferir de un dominio a otro los conocimientos acumulados a raíz de soluciones específicas que eran aplicables a escenarios totalmente distintos. Supuso la irrupción de la metáfora y la analogía en la vida cotidiana. La nave y las distintas capillas funcionan como un todo integrado que explica el salto impresionante en los niveles de creatividad ocurrido hace treinta mil años. A este proceso revolucionario se le ha calificado, con razón, de mente dotada de «fluidez cognitiva». O el *big bang* de la evolución de la mente.

Es evidente que los africanos que emigraron a Australia hace sesenta mil años, a Próximo Oriente hace cincuenta mil y a Europa hace unos cuarenta mil contaban con la facultad rudimentaria de ir de una capilla a otra conectando transversalmente sistemas o dominios de conocimiento distintos.

La compleja capilla del conocimiento social fue invadida por todo tipo de conocimientos no sociales, particularmente el físico para la utilización de nuevos materiales. Este *brain storming* o lluvia de ideas ubicada en la plataforma abierta del dominio social dio paso, además, a la conciencia de sí mismo, que fue instrumental para lograr el objetivo diseñado por la evolución muchos millones de años antes: intuir lo que pensaba el vecino. Para detectar cómo piensa el otro es preciso indagar primero en el interior de uno mismo, desarrollar el sentido de introspección que, más tarde, conducirá a la conciencia.

Tres ejemplos de lenguaje perverso

Puede que algunos lectores se pregunten si todo lo anterior, que viene de tan lejos, sigue teniendo la misma relevancia en la vida moderna. Tal vez basten tres ejemplos para disipar estas dudas. Uno banal, otro histórico y el último ligado a mi experiencia personal. Empecemos por el banal.

En tres días consecutivos grabé durante una hora, aleatoriamente, los diálogos espontáneos del personal de mi oficina, concretamente las conversaciones de las tres personas que compartían el mismo despacho. Se trata de científicos jóvenes doctorados por las mejores universidades de dentro y de fuera del país. Quiero decir que las grabaciones no se hicieron en las gradas de un campo de fútbol durante un partido Barça-Madrid. Conclusión: el porcentaje de conversaciones dedicadas al chismorreo social rondaba el nivel establecido por los chimpancés cuatro millones de años antes.

Darwin descubrió que los animales también tienen emociones. No es nada arriesgado afirmar, pues, que nuestro antecesor de hace medio millón de años también las tenía. Fue el comienzo. Se suele decir que los animales tienen instintos y los humanos inteligencia. La ciencia está demostrando que los dos tienen ambas cosas y, a lo sumo, los homínidos más de las dos. En cuanto los animales evolucionan con emociones e inteligencia, la manera de gestionarlas y los mecanismos concretos para la toma de decisiones serán vitales para determinar cuál de ellos sobrevive.

De la misma manera que un animal de caza necesita patas largas para perseguir a su presa y la liebre una configuración mental del espacio muy singular, los que sobrevivirán son los que tengan las patas más largas y el dominio mental del espacio más sofisticado. Como dice la psicóloga Janet Radcliff, si somos animales evolucionados, y somos así porque sobrevivimos con éxito, se puede empezar a enumerar qué tipo de características físicas y conductuales son las que han hecho a los animales tener éxito, incluidos nosotros.

¿Tan difícil es percatarse de algunas de las razones por las que nuestros antepasados tuvieron éxito? Básicamente, hubo dos razones fundamentales: manejaron mal que bien sus emociones, que les sirvieron para tomar decisiones imperiosas como huir o luchar, dar cauce a la ansiedad para estar alerta de manera que no les pillara el lobo, controlar el miedo y, muchos siglos después, activar la capacidad metafórica o creativa.

Justamente, en las condiciones cambiantes y complejas del mundo moderno, Daniel Goleman ya formuló la gran pregunta hace unos años. ¿Podemos manejar nuestras emociones, si nos lo proponemos, algo mejor que nuestros antepasados?

A menudo se olvida lo que quiso decirme el neurocientífico Joseph Ledoux en su despacho de la Universidad de Nueva York. Yo quería saber qué pasaría en el futuro con las dificultades de comunicación entre la parte emocional del cerebro y la razón. ¿Disminuirían o aumentarían los malentendidos entre los instintos y la inteligencia?

«La gente tiende a creer que el aumento de la capacidad de la parte más desarrollada del cerebro no va aparejada con un aumento paralelo de la capacidad del cerebro primordial; del sistema límbico», fue su respuesta. Ledoux sugería que las dificultades de comunicación entre la neocorteza y la amígdala —entre el órgano rector de la razón y el de las emociones— no disminuirían con la sofisticación creciente del primero y la atrofia de la segunda. Los dos cerebros se estaban sofisticando y manteniendo, por consiguiente, su poderío respectivo.

Si un día llegamos a gestionar y controlar mejor nuestras emociones, la vía no habrá sido la de reducir a un papel insignificante nuestros resortes instintivos o emocionales, a raíz de la creciente preponderancia de la neocorteza, sino una mejor integración y plasticidad de los dos cerebros. El heredado del resto de los mamíferos y el nuestro.

Un diálogo de sordos que cambió el mundo

En cuanto al ejemplo cargado de sentido histórico y nada banal, elegí las conversaciones en la isla de Yalta al término de la segunda guerra mundial entre Winston Churchill, primer ministro de Gran Bretaña, Franklin D. Roosevelt, presidente de Estados Unidos, y Iosif Stalin, jefe de la URSS.

«Hablando la gente
se confunde.»
Winston Churchill,
Franklin D.
Roosevelt y Iosif
Stalin fotografiados
en la conferencia de
Yalta, celebrada en
febrero de 1945.

Como se puede comprobar con la lectura del texto de aquella negociación, el intercambio verbal constituyó lo que hoy se tildaría de «diálogo
de sordos». Lo que importaba no era entenderse, sino sobrevivir defen-
diendo acérrimamente los intereses propios.

Ni siquiera eso se desprende de las conversaciones de los líderes mun-
diales de entonces, sino del acuerdo final. Lo cual alerta sobre un aspecto
adicional e importante de la evolución del lenguaje: su relevancia surge
con la innovación de la escritura y, particularmente, el carácter vincu-
lante de los acuerdos o contratos suscritos. El lenguaje gestual y hablado
ha supuesto una introducción prolongada durante millones de años; un
divertimento social antes de entrar, realmente, en materia mediante la
escritura y los contratos.

Suele decirse que el lenguaje es traicionero en clara alusión a que no
siempre se dice lo que se quiere decir, ni se entiende lo que se quiere
transmitir. Decía Miguel de Unamuno que cuando dos personas se
encuentran no hay dos, sino seis personas distintas: una es como uno
cree que es, otra como el otro lo ve y otra como realmente es; esto multi-

plicado por dos da seis. Una cosa es lo que uno dice, otra lo que el otro entiende que ha dicho y otra lo que realmente se quería decir.

En la famosa negociación de Yalta, en febrero de 1945, ¿qué papel desempeñó el lenguaje? ¿Qué querían conseguir los participantes? ¿Qué acuerdo alcanzaron? ¿En qué realizaciones se plasmaron sus palabras? ¿Cómo influyó el resultado de esta negociación en la configuración del orden mundial que se instauró durante décadas?

Tras la segunda guerra mundial toda Europa oriental y los Balcanes estaban ocupados por los soviéticos y la gran mayoría de los países de la región, con excepción de Grecia, se convirtieron en «democracias populares». La ocupación de esa parte del continente se realizó entre el verano de 1944 y la primavera de 1945. Cuando comenzó la negociación de Yalta, el ejército ruso poseía todos lo territorios disputados e intervenía en las disposiciones internas de todos los países invadidos.

¿Qué pretendían los distintos actores con la negociación? Stalin quería redefinir las nuevas fronteras soviéticas. Churchill pretendía recuperar el equilibrio de la vieja Europa devolviendo a Francia, Gran Bretaña y Alemania su papel de viejas potencias mediante la reducción, entre otras cosas, de las exigencias de Moscú en materia de reparaciones posbélicas. Por su parte, Roosevelt buscaba un acuerdo sobre los procedimientos de voto en las Naciones Unidas y quería asegurarse la participación soviética en la guerra contra Japón.

El documento *top secret* de las negociaciones terminaba con la afirmación contundente por parte de Stalin de la necesidad de una Polonia libre y totalmente independiente. En términos más generales, Churchill y Roosevelt aceptaban las fronteras soviéticas y Stalin y sus aliados una Europa que garantizara elecciones libres, así como el establecimiento de regímenes políticos democráticos en toda Europa oriental.

El verdadero resultado de la negociación es de sobras conocido. Los intereses de Stalin —no manifestados literalmente en la negociación— quedaron reflejados en la realidad geopolítica de la posguerra; sellaron la decadencia internacional del Reino Unido en beneficio de dos países que se consolidaron rápidamente como las dos potencias más poderosas del planeta: Estados Unidos y la URSS.

Cuando un tiempo después los norteamericanos optaron por la política de rearme frente al expansionismo comunista, lo hicieron sobre la base de que el jefe del Kremlin no había cumplido el acuerdo de la negociación de Yalta. En el texto que llevaba el sello *top secret* antes citado no había ni rastro del detonante que configuró más tarde la política internacional: la larga carrera armamentística que el mundo ha vivido y que, con distintos actores, sigue vigente en la actualidad.

Las conversaciones de Yalta muestran la complejidad no sólo del proceso de comunicación, sino la ambigüedad de su herramienta fundamental, el lenguaje, que, lejos de servir para entenderse, fue utilizado en esta ocasión histórica para confundir al futuro adversario y ocultar el designio propio.

Para el tercer y último ejemplo le pido al lector que intente remontarse conmigo —a pesar de las dificultades insuperables que existen para ello— a su más tierna infancia. Cuando estaba en la cuna balbuceando nunca me sentí estresado por no poder recurrir todavía al lenguaje hablado. Mis nietas tampoco. Un llanto muy insistente y, a veces, un simple lloriqueo bastaban para revolucionar el mundo a mi alrededor. Como a mis antecesores de hacía cuatro millones de años, me bastaban los gestos de las manos primero y los chillidos después. En mi mente —gesticulando o vocalizando— todo el mundo hablaba, incluidos los muñecos y los animales de los primeros cuentos. Tenía ya tres años, pero nunca sentí la urgencia de hablar —al revés de lo que me pasaba con la comida cada cuatro horas—; ni desde luego se me habría ocurrido que aquello fuera algo tan trascendental que me iba a distinguir para siempre del resto de los animales con los que jugaba.

Con los años, si acaso, fui descubriendo que la capacidad de hablar me ayudaba a traficar con afectos y a chismorrear sobre cosas irrelevantes como la altura exagerada de una niña del vecindario o los nidos de barro de las golondrinas. Hacía prosa sin saberlo, como el famoso personaje de Molière: ejecutaba al pie de la letra, por supuesto, el gran secreto de la evolución, es decir que lo fundamental no era hacerse entender, sino intuir lo que los demás pensaban para poder sobrevivir.

La telaraña de la pareja: la etapa de la fusión

Es el momento de regresar a los recodos de la telaraña de la pareja. Una pista útil para la armonía en la convivencia de los enamorados es compartir aquel secreto de la evolución. Las palabras no son, fundamentalmente, un canal para explicitar las convicciones propias, sino el conducto para poder intuir lo que está cavilando la mente del otro. Sólo cuando esto se descubre surge la oportunidad de ayudarle o influirle. La mayoría de las parejas, por desgracia, dedica mucho más tiempo a intentar explicar lo que piensa cada uno que a intuir lo que piensa el otro.

La fusión entre dos organismos —el primer rellano de la escalera de la convivencia— está prácticamente libre de obstáculos. Con o sin lenguaje, los primeros embates de la vida de la pareja ocurren en la etapa de la fusión. La mente y el cuerpo están plenamente dedicados a fusionar dos seres vivos de procedencia y naturaleza distintas. Un porcentaje significativo de las horas transcurre en el dormitorio. Se trata de dar rienda suelta al ánimo de fusión amorosa. Claro que la pareja debe atender, también, a otros menesteres; pero su vida transcurre bajo el influjo de la fusión de los dos cuerpos para dar cauce al amor. El resto de sus actividades pasa por el filtro del ánimo de fusión recíproca. Esta etapa puede durar varios años.

La marcha de la evolución explica otro rasgo sorprendente del periodo de fusión del amor: su relativa brevedad. En promedio, el enamoramiento pervive durante el tiempo necesario para alcanzar los fines evolutivos. Es necesario que la pareja se mantenga el tiempo suficiente para engendrar y cuidar los hijos, lo que parece corresponderse con la sabiduría popular y la investigación de los psicólogos, que lo cifran en unos siete años.

Los circuitos cerebrales responsables del vínculo amoroso —los mecanismos subcorticales en la región de los ganglios basales de motivación y recompensa— son distintos de los activados por emociones como el impulso sexual. Lo que no quiere decir que la frecuencia y los modos de ejercer este impulso no influyan sobre el amor romántico. La escritora Claire Rayner, comadrona de profesión en los primeros años de su vida profesional, alude a uno de los errores cotidianos más comunes. Se trata de creer que un médico puede tranquilizar a un paciente ansioso por saber la respuesta sugiriéndole el número de veces que es «normal» hacer el amor. Es tan normal, desde un punto de vista clínico, varias veces por día, como por semana, mes o año. Los únicos hechos comprobados por la experiencia sexual son que cuanto más se practica más ganas se tiene de repetirlo y a la inversa; que el rechazo de un miembro de la pareja a las aperturas sexuales del otro tiene un impacto psicológico insospechado y que, a medio plazo, la abstinencia sexual afecta al vínculo del amor romántico.

La construcción del nido

La segunda etapa está caracterizada por la construcción del nido. Se asumen nuevos compromisos que garanticen una infraestructura adecuada para la vida en común. Si es preciso, se cambia de lugar geográfico o incluso de trabajo. Durante varios años los pensamientos y las labores transcurren con la finalidad de ordenar y fijar las bases físicas de la convivencia. El amor se expresa menos en besos y caricias y más en desvelos, trabajo y contratos que cimenten una plataforma común sostenible.

Los niños, particularmente cuando tienen hermanos, piden y exigen más a los padres de lo que éstos pueden dar. Por una razón muy sencilla: los niños necesitan recabar no sólo el amor de sus padres, sino el amor del resto del mundo. Los padres mediocres no ofrecen ni lo que ellos, por sí solos, podrían dar. Los buenos son impotentes para conseguir el amor del resto del mundo, por mucho que se empeñen. Es el segundo, a la vez, cimiento y escollo serio en la vida común de los enamorados: la irrupción de su descendencia en el hogar.

La novelista de origen canadiense Rachel Cusk expresaba así el drama de partida: «El ser puro y diminuto de mi hija requiere un mantenimiento considerable. Al inicio, mi relación hacia ella es la de un riñón. Dispongo de sus desechos. Cada tres horas pongo leche en su boca. Pasa por una serie de tubos, sale de nuevo y la tiro. Cada veinticuatro horas sumerjo a la criatura en agua y la limpio. Le pongo ropa limpia. Cuando lleva un tiempo dentro de casa, la saco fuera. Pasa un tiempo más, y la llevo dentro. Cuando duerme la dejo sola. Cuando se despierta la tomo en brazos. Cuando llora la acuno con amor, y me preocupo de si le estoy dando demasiados o demasiado pocos cuidados. Ampararla es como ser responsable del tiempo, o del crecimiento de la hierba».

Desde que la neurociencia ha aportado pruebas difíciles de cuestionar sobre los efectos a largo plazo en la neocorteza de los adultos o de las equivocaciones cometidas durante el proceso del cuidado maternal de los niños, no debería sorprender el efecto negativo acumulado sobre el comportamiento de la especie. Bastará una muestra de lo que estoy diciendo. Ni siquiera las parejas más voluntariosas e inteligentes tienen hoy día respuestas más válidas que las de sus predecesores para dilemas que ya acongojaban a sus abuelas y tatarabuelos.

¿Es mejor dejar llorar al niño por la noche un buen rato para que se acostumbre a un cierto grado de independencia o, por el contrario, lo correcto es precipitarse para acunarlo con vistas a interrumpir el estrés del miedo de la separación? ¿Pueden los niños manipular a sus padres mediante el llanto? ¿Cuál de las dos posturas es la mejor para la estabilidad emocional del niño: que duerma solo y separado de los padres en una habitación —los occidentales somos los únicos en hacerlo, frente al resto de los animales y del mundo—, o bien que duerma en el mismo lecho? ¿Existe el riesgo de que una disciplina exagerada o abandonos continuados terminen abocando al niño a una situación, cuando sea adulto, en la que sea incapaz de crear lazos afectivos con otras personas?

La mayoría de las respuestas a esas preguntan pueden rastrearse en dos descubrimientos básicos de la neurociencia moderna. En primer lugar, el cerebro de un niño no está dotado todavía para afrontar por sí solo la consecución del equilibrio y el bienestar. En segundo lugar, las resonancias magnéticas de cerebros infantiles sometidos a periodos prolongados de estrés revelan una disminución del volumen del hipocampo, que aumenta su vulnerabilidad a la depresión, la ansiedad y el consumo de droga o alcohol en su etapa adulta.

Son alarmantes los signos de desarraigo, la profusión del miedo, el crecimiento de la violencia y los índices de delincuencia, unidos a la proliferación de los desequilibrios mentales. Se me dirá que ya se trataban equivocadamente las emociones de los niños antes de que la neurociencia demostrara que no es bueno dejarlos llorar hasta que revienten. ¿Por qué iban a empeorar ahora, en mayor medida, los comportamientos de los adultos?

Si resulta cierto —como afirman científicos como Jaak Panksepp, jefe del Instituto de Chicago de Neurocirugía e Investigaciones Neurocientíficas, o Margot Sunderland, directora de educación y aprendizaje del Centro para la Salud Mental Infantil, Londres, que investigan las modalidades y los efectos de lo que hoy podemos llamar, afortunadamente, la ciencia de la inversión parental— el vínculo entre el tipo de inversión en la infancia y el comportamiento adulto, hay razones para echarse a temblar. Por dos motivos muy simples.

Porque las víctimas cometen los mismos errores en la siguiente generación, sólo que con mayor intensidad; y porque la universalización de la educación y las costumbres da mayor visibilidad al efecto acumulado de la degradación temperamental. Asusta pensar en la magnitud de la ignorancia sobre la educación emocional de la infancia compartida por sus progenitores, generación tras generación. Bowlby llamó a la progresión geométrica de los efectos de la degradación social el «ciclo de la desventaja», alimentado por el hecho de que los niños maltratados de hoy son los padres irresponsables de mañana. Las cifras más fiables apuntan ahora a que entre un 10 y un 25 por ciento de los niños en edad escolar sufre trastornos neuróticos o de conducta.

Los cisnes negros

Está claro que no sabemos predecir los acontecimientos importantes. El cerebro funciona razonablemente bien para prever fenómenos repetitivos y tediosos como la salida del oso de la cueva, los índices de accidentes de tráfico o el tiempo que falta para la puesta del sol, pero arroja una ineficacia alarmante para anticipar acontecimientos singulares e irrepetibles como los atentados terroristas del 11 de septiembre en Nueva York o del 11 de marzo en Madrid.

El matemático financiero Nassim Nicholas Taleb llama cisnes negros (*black swans*) a los acontecimientos absolutamente imprevisibles e inesperados cuyo impacto demoledor llevaría —en el caso de poder preverlos— a tomar las medidas necesarias para que no pudieran ocurrir. Pero los cisnes negros, por definición, sólo ocurren una vez.

Ahora bien, la ineficacia del mecanismo cerebral para prever consecuencias importantes o significativas va más allá del carácter inesperado de los cisnes negros. Basta con que vayan a provocarse efectos imprevistos que el cerebro no pueda aprehender ni anticipar lo que va a ocurrir, aunque sea a raíz de decisiones aparentemente triviales, como una infidelidad conyugal, o trascendentes, como renunciar a llevar el velo, pero resultado, en ambos casos, de alteraciones en la estrategia de compromisos adquiridos. Es otro obstáculo que irrumpe en las pautas de convivencia de los enamorados al levantar los andamios del soporte material y social para la perpetuación de la especie en el proceso de construcción del nido. Y el más cargado de amenazas.

En primer lugar, porque muchas de estas amenazas son invisibles. Literalmente, no las vemos. Tras años de estudio y reflexión, ahora se sabe que todo el torbellino provocado por el cambio en el sistema reproductor al que se hizo referencia en los capítulos anteriores estaba justificado para garantizar la supervivencia frente a enemigos invisibles a ojos de los propios protagonistas de esa batalla evolutiva. A las bacterias peligrosas, virus y otros microbios destructores se les podía mantener a raya, únicamente, fomentando la diversidad genética. Gracias al intercambio y trasiego de genes, al virus conocedor del código para penetrar en la membrana del huésped involuntario se le dejaba desconcertado, con la llave en la mano, inservible en la nueva cerradura genómica de la descendencia.

Si algo tan portentoso como la elección de pareja está directa y específicamente determinada por el concepto, todavía más complejo, de la diversidad genética requerida para protegerse de amenazas invisibles —que se sienten pero que no se ven—, ¿cómo se puede seguir negando, un día sí y otro también, en el teatro de la vida banal y cotidiana, que existen factores de las crisis que no se ven a primera vista? La conclusión parece evidente: muchas de las explicaciones «razonables» de lo sucedido en todos los campos se deben a la precipitación, el desconocimiento o el cinismo de los narradores de circunstancias; en su mayor parte, son el producto de lo que Richard Gregory, profesor emérito de neuropsicología de la Universidad de Bristol, Reino Unido, tilda de «estrategia de cocina para sobrevivir» que caracteriza al cerebro.

Esa estrategia está sometida a vendavales desconocidos en el mundo moderno, por la vía de la incapacidad para pronosticar eventos, bien conocida, y los impactos afectivos de cambios continuos en los compromisos adquiridos, que no cesan de aumentar, un hecho nada valorado.

Elegir entre el café con leche o el cortado es trivial. ¿Manzanas o naranjas? Eso no es un gran problema. El problema surge cuando hay que sacrificarse para conseguir algo mejor en el futuro. Éste es un problema de compromiso y requiere prudencia, la capacidad de hacer un sacrificio ahora en aras de un beneficio más adelante. El concepto capital aquí es invertir en prudencia; algo que, al parecer de Avner Offer, catedrático de historia económica en la Universidad de Oxford, hacemos cada vez menos y peor.

Tecnología del compromiso

Bastarán dos ejemplos de lo que Avner califica de tecnología del compromiso. «Renunciaré a los ingresos de unos cuantos años, pero esto me conducirá a la obtención de un título profesional o académico. Este título me dará la posibilidad de tener una vida más interesante, de ser rico y, también, de seducir a la pareja que quiero.» Otro ejemplo más trivial: «Esta noche, en lugar de ir a la discoteca, me quedo en casa repasando tareas para asegurarme de que la semana que viene aprobaré el examen».

En parte, la sociedad constituida suministra las herramientas necesarias para solucionar este problema mediante un entramado de tecnologías del compromiso, que aportan pautas para tomar decisiones. Así que si nos preguntamos «¿y ahora qué?», no tenemos que sacar la calculadora y empezar, cada vez, a sopesar los pros y los contras de todo. Vamos a la universidad, nos casamos, tenemos un hijo. Se nos dice cuándo es más sensato hacer un sacrificio para ganar algo en el futuro.

Pero la abundancia de opciones característica de los tiempos modernos ha trastocado estas tecnologías del compromiso. Nuestros antepasados barajaban un número misérrimo de opciones que exigían cambios exiguos en sus tecnologías del compromiso. La prosperidad económica provoca, en cambio, un flujo de novedades y de nuevas recompensas a cuál más atractiva.

Poco a poco, se asienta una programación mental distinta para valorar las cosas que están inmediatamente al alcance de la mano, comparado con el valor de las cosas mucho más remotas. Las nuevas prioridades y valores afectan a los bienes y valores preexistentes. Es decir, la multiplicidad de opciones cambia el modo en el que escogemos y obliga, constantemente, a alterar el orden de prioridades en la tabla de compromisos.

En ese trasiego transcurre gran parte de la vida de la pareja, incluidas las locamente enamoradas. Las incorporaciones al trabajo y los cambios de actividad truncan la compartimentación de estructuras de asignación de tiempo largamente enraizadas; la incesante movilidad geográfica activa nuevos apegos que arrinconan a los antiguos; las exigencias de la educación de los hijos, a medida que se aproximan a la pubertad, provoca separaciones traumáticas en el entorno familiar; las hipotecas asumidas para mejorar el lugar de residencia obligan a expurgar compromisos menores o a asumir el pluriempleo; el aumento de los niveles de deuda a los máximos permitidos legalmente convierte en cuestión de vida o muerte el reparto de las fuentes tradicionales de ingresos como las herencias, distorsionando la naturaleza de los lazos familiares que antaño parecían intocables.

Las demandas personales crecientes sobre recursos y afectos limitados, movidas por la estrategia de compromisos, conforman la vida en un

¿Qué se está dirimiendo y qué fin se persigue? *Los jugadores de cartas* (1890-1895), óleo sobre lienzo de Paul Cézanne, Museo de Orsay, París.

mar de confrontaciones. Parece sensato deducir que la abundancia de opciones degrada el concepto de prudencia al que me refería antes. Si las novedades llegan muy rápidamente, distraen de los objetivos a largo plazo. La abundancia produce ansiedad y la ansiedad reduce el bienestar.

La solución no radica en disminuir el número de nuevas opciones, como que los hombres cuiden de los niños, sino en tamizarlas y cuestionar algunos de los viejos compromisos adquiridos, como que las mujeres se cubran la cara con un velo. Se trata de un cambio cultural que, como todos los cambios culturales, da muestras de una morosidad casi genética. Un ejemplo que afecta a toda la sociedad ilustra sobre la naturaleza de estos cambios. Se trata de la incorporación de la mujer al trabajo y de la educación emocional de los hijos.

La incorporación de la mujer al trabajo no es sólo una de las grandes conquistas del ejercicio de las libertades individuales, sino una condición *sine qua non* para poder competir en la economía mundial. La consecución de este activo ha cuestionado el compromiso, muy extendido en las sociedades tradicionales, de que la educación emocional de los niños correspondía, primordialmente, a las mujeres. La incorporación de la población femenina al trabajo desguarnecía, pues, uno de los compromisos heredados.

Dado que las dos exigencias son irrenunciables —la incorporación de la población femenina al mundo laboral y la educación emocional de los niños—, resulta evidente que la nueva situación obliga a replantear el orden de los asuntos en la tabla de compromisos y, sobre todo, a diseñar nuevos caminos estratégicos para conciliarlos. Son procesos graduales, extremadamente complejos que, en este caso particular, comportan cambios de mentalidad en la población masculina, como asumir que la educación es un problema que incumbe a toda la sociedad y no sólo a los maestros y a las madres; reformas importantes de las políticas de prestaciones sociales y cambios en el orden de prioridades de la política, incluida la política científica y cultural.

El acuerdo final sobre los márgenes de libertad

Decíamos, al iniciar este capítulo, que el anterior instrumento modulador de la vida de la pareja suele ir muy vinculado al último y más complejo de todos: la negociación de los márgenes respectivos de libertad e intimidad individual. Y que, en resumidas cuentas, todo estaba condicionado a la resistencia de los materiales biológicos, tanto como a la plasticidad de los circuitos cerebrales por donde fluye el torrente inconsciente de los flujos hormonales.

La última etapa —de la que depende la futura vida en común en igual medida que las anteriores— consiste en la delimitación negociada de los campos respectivos de libertad. Superado el tiempo dedicado primero a la fusión y después a la construcción de una arquitectura para sobrevivir, llega el momento de negociar los grados de libertad que regirán las actividades de cada uno.

Se trata de un proceso lento y complicado, cuyo resultado suele venir dado por la propia experiencia cotidiana. El ánimo de realización individual se intenta conciliar con las exigencias de acceso a los procesos de producción, fidelidad recíproca, cuidado de los hijos, relaciones sociales, ocio y esparcimiento. Esta negociación, no siempre declarada y abierta, está sujeta a poderosos avatares tanto emocionales como externos. Y su resultado es incierto. Existe una señal indeleble que permite anticipar el resultado negativo de esta negociación.

Si en el curso de la vida, en alguno de los sucesivos recodos enumerados, han quedado rastros en el interlocutor de la emoción básica, universal y negativa del desprecio, un síntoma emocional tremendamente infravalorado, aquella negociación será imposible. Recuerdo una conversación en Nueva York con Malcolm Gladwell, psicólogo y periodista del semanal *New Yorker*, que un año más tarde tuvimos ocasión de rememorar al encontrarnos, por casualidad, en el barrio londinense de Primrose Hill. Habíamos reflexionado sobre las causas de los matrimonios fallidos en Estados Unidos. «Sí; es cierto», dijo de pronto, «que hemos descubierto una causa infalible para un buen número de ellos.» El motivo en cuestión pudo explicitarse gracias a las investigaciones de una empresa de consultoría cuyos psicólogos habían elaborado pruebas para parejas en apuros en las que, mediante un sencillo ejercicio de asociación de significados de palabras, se descubría cualquier indicio de desprecio subyacente en la relación de la pareja. Si no había desprecio, se buscaban otras causas del malestar para intentar remediarlo. Pero si se descubría que uno de los dos miembros abrigaba algo parecido al desprecio hacia el otro, se les aconsejaba que terminasen la relación, antes de que fuera demasiado tarde.

Es imposible sobrestimar el alcance de la emoción negativa del desprecio. La antítesis del amor no es el odio, sino el desprecio. En la historia de la evolución, el desprecio implicaba la expulsión de la cueva y, por lo tanto, la muerte segura. Haría falta meditar dos veces antes de profesar desprecio hacia los demás. Es uno de los descubrimientos recientes de los expertos que, en la actualidad, están intentando fabricar los ladrillos con los que diseñar un modelo de gestión emocional para niños y adolescentes.

El mundo académico lo llama la competencia social y emocional, cuyo propósito consistiría en gestionar nuestras emociones algo mejor que hace cuarenta mil años. No sólo para apuntalar las ansias de amor y felicidad, sino para evitar —como se sugiere en los dos capítulos siguientes— los estragos del desamor.

Capítulo 9
El desamor:
factores biológicos y culturales

El sexo está involucrado, la ilusión predomina, la obsesión es inevitable, el grado de control consciente es muy modesto y el tiempo de gloria, breve.

SHEILA SULLIVAN

Nunca supe cómo se llamaba. Había oído hablar de ella un par de veces a los vecinos en la plaza de Sant Sadurní de l'Heura, en el Ampurdán. Cuando avistábamos por la ventana que había terminado la misa del domingo, los hombres salíamos de casa para hablar del tiempo y la caza. Pero ese día las campanas doblaban llamando a su entierro. Era muy joven, padecía ciclotimia y se había suicidado, al parecer por desamor. A unos ocho mil kilómetros de aquel pueblecito, el psiquiatra Hagop Akiskal, de la Universidad de California en San Diego, acababa de descubrir que la versión corta del gen de la ciclotimia podía provocar, también, la depresión suicida en casos de desamor.

Los grandes románticos sufren los efectos de la ciclotimia, un desorden bipolar semejante al de los maníacodepresivos, con periodos alternativos de excitación intensa y desesperanza. En las fases de felicidad, los pacientes se enamoran profundamente, pero a la euforia sigue, inevitablemente, la melancolía premonitoria de la depresión suicida. Hoy día se conoce con un detalle asombroso la química del estrés y la depresión. Veamos lo que ocurre a raíz de un desamor.

El hipotálamo segrega, en dirección de la glándula pituitaria, la hormona liberadora de corticotropina (CRH, del inglés *corticotropin-releasing hormona*), o corticoliberina, una sustancia considerada por muchos científicos como la molécula del miedo; que, a su vez, produce la hormona de la adrenocorticotrofina (ACTH); esta última llega, por el torrente circulatorio, a las glándulas suprarrenales, y las estimula para que sinteticen y liberen, entre otras sustancias, cortisol, la hormona del estrés. Más o menos así lo habría descrito también, seguramente, mi padre, que era médico rural. La poetisa Sally Purcell quiso decir lo mismo, pero de forma distinta, refiriéndose al final del amor entre Eloísa y Abelardo: «Una espada nos ha separado definitivamente, y no hay vuelta atrás».

La clave del desamor está en la infancia

Es muy sorprendente que pocos o ningún sistema educativo intente destilar en las mentes de los futuros enamorados —todos los alumnos van a pasar, tarde o temprano, por ese trance— un mínimo conocimiento sobre las características de las hormonas vinculadas al amor. ¿Quiero decir con esto que bastaría con ser consciente de las bases genéticas y hormonales del desamor para evitar sus estragos? Las emociones fluyen más deprisa que los pensamientos, y estamos muy lejos de poder controlar los dos canales de comunicación entre la amígdala y el hipotálamo cuando confluyen, no siempre en la misma dirección, pero es evidente que haber reflexionado en otros momentos sobre la semejanza entre la ansiedad de la separación en los niños y el desamor en los adultos podría aliviar el trauma del desengaño amoroso.

Ése fue el gran descubrimiento del científico inglés John Bowlby (1907-1990), que detalló la estructura y la forma de la seguridad generada por el apego infantil. El rechazo de la pareja o el desamor evocan los primitivos y poderosos sentimientos infantiles azuzados por el alejamiento de los seres queridos. Bowlby comprobó que los humanos están dotados con circuitos neurales de apego seleccionados por las presiones evolutivas. Nacemos provistos de mecanismos programados para formar fuertes vínculos afectivos. Cuando estos vínculos se rompen, suena la señal de alarma del miedo atávico a la muerte por abandono. Esa emoción despierta cada vez que una espada nos separa definitivamente de un ser amado, y no hay vuelta atrás.

Lo que sugiere la ciencia moderna no es, simplemente, que el desamor desentierra los miedos que de niño empapaban la ansiedad de la separación de la madre y, ahora más a menudo que antes, también del padre, sino que, paradójicamente, cuando somos adultos no disponemos de más herramientas para hacer frente al desamor que las que teníamos de niños para combatir la ansiedad de la separación. Porque los mecanismos y las hormonas que fluyen por ellos son los mismos. Las doce personas de cada cien que contraen una depresión entre moderada y grave al separarse recurren a los mismos mecanismos y flujos. De cada cien mujeres asesinadas, casi la mitad muere a manos de su marido, ex marido, novio y ex novio en cuyos cerebros se activaron idénticos mecanismos y hormonas. Se trata de las mismas descargas y circuitos cerebrales responsables de que nada menos que un 35 % de los niños se sientan inseguros.

Los grandes ausentes de esta lúgubre película no son tanto los niños como los bebés, que deben soportar los efectos del desamparo entre el primer y el segundo año de vida. Cuando las últimas investigaciones científicas revelan, como se apuntaba antes, que los adultos sumidos en el desamor cuentan con las mismas defensas que los bebés víctimas del desamparo, es decir, ninguna, no vale cuestionarlo con el argumento de que los adultos, por lo menos, pueden recurrir a la interacción con los demás, lo cual no está al alcance de los bebés. Pero, en realidad, los adultos enamorados tampoco cuentan con esas interrelaciones, ya que, como es bien sabido, la inhibición y la desconexión emocional desencadenadas por la pasión les impide ver otra cosa que no sea su bien amado, ni siquiera a ellos mismos en otra condición anímica.

A los lectores que todavía estén convencidos de que el instinto maternal es una de las construcciones cerebrales más nobles y elaboradas de los humanos, no debería conmover sus convicciones descubrir que la especie más monógama de los mamíferos —el ratón o topillo de las praderas—, cuando se le inhibe la producción de oxitocina por medios farmacológicos, se aparea con el primero que encuentra. Sin oxitocina no hay vínculos afectivos firmes ni comportamientos maternales. La leche no fluiría en los pechos ni se producirían las contracciones necesarias en el parto o en el orgasmo. Cuando se administran neutralizantes de esa hormona a ovejas y ratas —espero que ninguno de mis amigos científicos haya efectuado la misma prueba en humanos— no se ocupan para nada de las crías. Es más, si se inyecta la hormona en la médula de ovejas vírgenes se comportan de forma maternal con crías desconocidas.

Tras esta cura de humildad resultará más fácil admitir cosas como las siguientes: cuando se priva de esas relaciones afectivas, dimanantes de vínculos maternos, a los niños antes de que cumplan los tres años —cuando empiezan a desarrollar una parte del cerebro a la que me referiré a continuación—, se genera un agujero negro que impide recuperar las habilidades sociales para el resto de la vida.

Tampoco sorprenderá que, al reflexionar sobre el desamparo provocado por amores truncados, me olvide de los adultos hasta llegar al final de este capítulo y profundice antes en las reacciones de los niños abandonados a su suerte, aunque sólo sea durante un rato por la noche. Las causas y las consecuencias de esos tristes procesos son idénticas y, además, da la casualidad de que sobre el comportamiento adulto no sabemos casi nada, y sobre los niños casi todo.

Si se quiere profundizar en la miseria moral, en el sufrimiento inaudito, en el desconcierto individual y colectivo del desamor o los amores no correspondidos; si no tenemos más remedio que constatar —en espera de tiempos más cuerdos— las carencias insondables de la sociedad frente a los desvaríos mentales de los adultos; si queremos aprovechar los primeros consensos de los estudiosos de la infancia, de aquellos psicólogos, logopedas, psicoterapeutas y neurólogos —verdaderos héroes anónimos del cerebro donde se cobija el alma—; si las causas y efectos de la ansiedad de la separación en las edades más tiernas son las mismas que las del desamor en la pubertad y la mayoría de edad, ¿por qué no centrarse, entonces, en las primeras para iluminar las segundas?

El miedo infantil a la separación

Con toda probabilidad, la experiencia más estresante para un bebé es la de la separación de la madre que le cuida para garantizar su supervivencia. El mecanismo del desespero por separación o desarraigo es innato en los recién nacidos para ayudarles a sobrevivir. Algo que, seguramente, desconocen los miembros de una tribu de un lugar remoto del planeta que casi estrangulan a los niños cuando lloran por primera vez para que nunca más vuelvan a llorar.

El mecanismo se dispara cuando la madre sale del dormitorio de los niños. En los adultos el mismo mecanismo se activa cuando se pierde un gran amor. Las separaciones tempranas de la madre incrementan los niveles de corticotropina, la sustancia bioquímica del miedo. Estudios llevados a cabo tanto con monos como con ratas han mostrado fuertes coincidencias entre las separaciones prematuras y niveles elevados de cortisol.

Paradójicamente, ocurre algo parecido con el estudio de los mecanismos de la memoria y el aprendizaje; sabemos mejor cómo funcionan en el resto de los animales que en los humanos y son ellos quienes mejores pistas nos están dando para entender estos procesos en los homínidos. Sobre el desamor, conocemos mejor los mecanismos de la separación y el desespero en los niños que en los adultos. Otra manera más correcta de decir lo mismo es que la mayoría de los adultos no son conscientes de que el desamor, cuando lo sufren, transcurre por los mismos circuitos cerebrales que en los niños la ansiedad del abandono. Las respuestas para hacer frente a esta singularidad son innatas y no han cambiado. La experiencia de cincuenta años de vida no ha servido para nada.

En esos circuitos, el papel de maestro de ceremonias corresponde a la corteza órbitofrontal, que desempeña un papel clave en la vida emocional. Como explica Alan Schore, de la Universidad de California en Los Angeles, cuando algo falla en esta parte reguladora del cerebro desaparece por completo la vida social en los primates más sociales, que somos nosotros. La posibilidad de ponerse en el lugar de otro y de intuir lo que está cavilando para poder ayudarlo o manipularlo exige una corteza órbitofrontal que haya culminado su etapa de formación. El día de mañana, esta parte del cerebro será el «controlador» del hemisferio derecho que domina la infancia; es el que coordina las áreas sensitivas de la corteza cerebral con las áreas más profundas y atávicas responsables de las emociones condicionadas por el ánimo de supervivencia.

En las edades tempranas de la vida, ese controlador está en los primeros años de carrera, sin que se haya planteado siquiera la posibilidad de culminarla con un máster de dirección. El peligro, sobre todo para el día de mañana, reside en desconcertarle, inducirle a prácticas equivocadas o, lo que es peor y ocurre a menudo, interrumpir la etapa de formación con sobresaltos inesperados. El más inmediato de estos sobresaltos es la ansiedad de la separación. El más probable es la muerte de alguien cercano.

Que levante la mano quien sepa lo que siente un niño por dentro cuando está solo. No importa el lugar. Una habitación totalmente oscura en la que no sabe qué monstruos espantosos se esconden debajo de la cama. Una verja a la espalda —la del colegio donde acaban de terminar las clases— a cuya sombra espera inmóvil, aterrado, a que llegue su madre a buscarlo, igual que todos los días, pero sin tener la certeza de su aparición; como los primeros homínidos no la tenían de que el sol volvería a salir por la mañana. A los tres años, no ha habido tiempo de experimentar un número suficiente de veces el fenómeno, de manera que el individuo, a fuerza de repeticiones, acabe albergando en la conciencia la certeza absoluta de que volverá a ocurrir.

En plena calle, arrastrado por la mano airada de un psicópata que, al llegar la noche, hará la vida imposible a su pareja, llenando la habitación de gritos que ahogarán su propio sollozo. La calle por la que le llevan está llena de bestias y de niños cabizbajos que no levantan la mirada del suelo. La soledad y el hastío infantil pueden sentirse incluso con un lápiz en la mano, haciendo pequeños garabatos en la concha de una amonita que se pierde en el vacío, como muestran los dibujos de la artista australiana Shaun Tan.

Lo que sí conocemos es el impacto de esa soledad alimentada por la ansiedad de la separación. A Heather Geddes, reconocida maestra y terapeuta educacional del Reino Unido, autora de un libro muy popular sobre el apego en la escuela, le caben pocas dudas de que puede tener repercusiones psicológicas negativas y duraderas. Todo el entramado de la teoría del apego reposa sobre la construcción de una base segura y protegida desde la que se efectúan excursiones sucesivas a sitios o personas, cada vez más lejanos, como los vecinos o amigos primero, la escuela después y más tarde viajes fuera de casa. La base o refugio seguro del apego familiar es el punto de partida.

El laberinto del apego y el desamparo

A lo largo del primer año de vida, el niño busca la interacción. La proximidad del cara a cara y la mirada a los ojos son muy importantes. Se ha comprobado repetidas veces la importancia de la comunicación visual en los primates sociales. Si no se quiere interaccionar con el bebé no hay que mirarle a los ojos. Y la manera más expeditiva de enamorarse es cruzar la mirada con alguien y mantenerla. De una negociación adecuada de ese proceso de interacción entre la madre o el padre y el niño depende que el hijo aprenda de sí mismo y de los otros. La psicoterapeuta Sue Gerhardt lo llama «la danza de respuestas recíprocas».

A partir del segundo año se produce otro salto en forma de excursión hacia un concepto nuevo, como es el de la continuidad del pasado, del ahora y del futuro. Se inicia el camino, nunca desbrozado del todo, a través del tiempo. A los tres años y medio la teoría del apego infantil seguro empieza a funcionar como un resorte propio del niño, sin necesidad de que los padres lo tutelen con la intensidad de antes.

Las investigaciones más recientes indican que el alumno dotado de un apego seguro es capaz de interaccionar con sus maestros y con los demás; el mundo exterior se ha convertido en algo valioso que merece la pena explorar. El próximo paso —muchos fallan en el empeño— consiste en replicar el modelo de seguridad inicial en la práctica y competencia de la

Un bebé en plena llantina. El desamparo del desamor es idéntico al sufrido de niño por la separación de la madre.

escuela. Sin superar esta fase, el mundo exterior del adulto no ofrecerá incentivos suficientes para sortear su complejidad ni obstáculos emotivos para no rechazarlo o, en el peor de los casos, destruirlo.

Rosa perdió a su nieta y a su hija el mismo año. «Me había dado cuenta de que la muerte de mis padres me había secuestrado el pasado y mi niñez. Si mi marido muriera —Dios no lo quiera— antes que yo, me quedaría sin presente. Pero para mí la muerte de mi nieta y mi hija ha sido la muerte del futuro.»

Otro ejemplo mucho menos edificante, citado, como el anterior, por Clare Jenkins y Judy Ferry: la madre de Linda Arstall murió cuando ella apenas había cumplido dieciséis años. Un año después, la joven acudió a una entrevista formal para ingresar en la sanidad como enfermera y no pudo contener las lágrimas al acordarse de su madre, que también era enfermera: «¿A qué vienen estos lloros?», le espetó el funcionario médico. «Su madre murió hace más de un año. La vida continúa y no podrá ser una buena enfermera si no se acostumbra a cosas como ésta. Las emociones están reñidas con esta profesión.»

La realidad es muy distinta: la muerte está reñida con la razón. El arqueólogo Tim Taylor, de la Universidad de Bradford, en el Reino Unido, puso el dedo en la llaga al recordar que la aceptación del concepto de mortalidad es muy reciente en la historia de la evolución. La esperanza de vida era tan corta que, aunque la muerte estuviera presente en la vida de nuestros antepasados —algunos animales morían, algunos niños también, algún anciano—, la única persona de edad suficiente para poder sacar la conclusión de que «los ancianos siempre mueren» ya estaba muerta.

Por otro lado, antes del nacimiento del alma y de los ritos funerarios, hace menos de veinte mil años, la muerte no era un acontecimiento que representara algo excepcional y distintivo. Aún hoy día, para algunas religiones, la frontera entre la vida y la muerte es mucho más difusa que en la tradición cristiana. Para nuestros antepasados cazadores recolectores la idea de una sociedad separada a la que iban los muertos era inconcebible. Y por lo tanto la propia idea de la muerte también.

Han transcurrido muchos años desde entonces y si lo ocurrido anteayer puede explicar que subsista hoy la ignorancia sobre la muerte, algo ha cambiado radicalmente. La prolongación de la esperanza de vida ha familiarizado a todo el mundo con la muerte. ¿Quién no ha conocido a alguien que ya ha fallecido? El impacto es más profundo cuando este hecho hasta hace poco desconocido afecta a alguien querido, tanto en los niños como en los adultos. ¿Por qué provoca estragos psicológicos similares, pero igualmente inexplicables, a los causados por la ansiedad infantil generada por la amenaza del abandono o la ruptura del vínculo del apego familiar? Porque se trata de la ruptura de vínculos idénticos.

La psiquiatra de origen suizo Elisabeth Kübler-Ross (1926-2004) ha estudiado como nadie el contenido de estos apegos afectivos a raíz de un fallecimiento. Lo primero que se desvanece cuando muere un ser querido es, justamente, lo que en el capítulo anterior llamábamos los compromisos, cuya tecnología de negociación explicaba la continuidad de la pareja más allá de las exigencias estrictamente evolutivas. Con la muerte del otro, se cuestiona la masa compacta y variable de los compromisos adquiridos, que tantos esfuerzos costó priorizar.

Se esfuma la intimidad de mirarse a los ojos y acercar los rostros. Las investigaciones de los psicólogos sociales británicos Michael Argyle (1925-2002), profesor de la Universidad de Oxford, y Mark Cook confirman la importancia de intercambiar miradas. Desaparecen los cuidados recíprocos; velar por la salud y la tranquilidad mental del otro. ¿Dónde quedan los soportes familiares con los que se fabricó la base segura de partida para realizar excursiones al mundo exterior? Y, por último, cuando alguien querido muere, se saca, como una telaraña con un trapo, lo que antes llamábamos «la danza de respuestas recíprocas», la influencia mutua sobre los dos organismos con el paso del tiempo.

Éstas son, según Elisabeth Kübler-Ross, las componentes del lazo afectivo que se rompe cuando alguien muy querido se muere. Pero, ¡por Dios!, a ningún lector de este capítulo se le habrá escapado la coincidencia de estas componentes del lazo afectivo con las que enumerábamos antes referidas al vínculo de apego del niño con su madre. En las dos situaciones se rompe lo mismo cuando se interrumpen. Estamos sugiriendo, ni más ni menos, que la ansiedad de la separación activada por el abandono tiene efectos equivalentes a los del temor a la muerte o el estado emocional previo al suicidio. En los niños y en los adultos.

Procesos de negociación frente al desamor

También los procesos de negociación para paliar la catástrofe de la separación de la madre en el caso del niño o del ser querido en caso de ruptura o fallecimiento son similares. Según Catherine O'Neill y Lisa Keane, autoras de un libro acerca del dolor tras la muerte de un ser querido, todo empieza con el *shock* inicial con el que se pretende negar la realidad.

«¡No puede ser cierto que me dejen solo otra vez!»

«¡No me creo que se haya ido para siempre!»

«¡No voy a poder lidiar solo con todo!»

Sigue la fase de la rabia y el enfado. De gritos y hasta de alaridos. Después, el flujo de hormonas se encarga de dejar las huellas en el cerebro —algunas para siempre— del dolor y la pena. Llega luego la hora de negociar con uno mismo la salida que afectará, sin duda, al comportamiento futuro. Entretanto, se gesta la retirada sobre uno mismo y se abren las puertas de la depresión. Incorporados ya los efectos del vendaval, llega la hora de la paz y la aceptación de los hechos consumados.

Lo paradójico, lo realmente sorprendente, es que las fases de negociación son las mismas tanto para el niño encerrado en una habitación oscura como para la pareja rechazada, para la víctima que se enfrenta con la noticia de su muerte anunciada o para los que se quedan solos, aunque sea queriendo. Si es así en todos los casos, sólo cabe una conclusión: los parámetros de todas las negociaciones, con uno mismo y con los demás, son innatos. ¿Es posible que la evolución nos haya dejado márgenes de movimiento tan estrechos?

Antes la gente se separaba porque se odiaba. Ahora porque ya no se ama lo suficiente. De las tres etapas en la inversión parental que hemos distinguido en el capítulo anterior —fundirse con el otro, construir el nido, es decir, percatarse de que existen otras cosas fuera del dormitorio, y la reafirmación de uno mismo o el comienzo de la negociación entre dos personas que conviven—, salvo en casos excepcionales, el terreno en el que cristaliza el desamor es el último.

Existen otras pistas menos conocidas para evitar los avatares del desamor porque su descubrimiento es demasiado reciente. Se lo debemos a un equipo de científicos encabezado por Larry Young y Steven Phelps, de la Universidad de Emory. Sabíamos que la vasopresina y la oxitocina juegan un papel fundamental en las áreas del cerebro que determinan qué rasgos sobresalientes ayudan a identificar a un individuo. Si a un ratón se le desactiva el gen de la oxitocina antes de nacer, sufrirá amnesia social y no recordará a los ratones de su entorno. Se encontraron grandes diferencias en la distribución de los receptores de la vasopresina entre distintos ratones de la pradera, por lo que estas variaciones podrían contribuir a las diferencias en el comportamiento social de estos animales, es decir, que algunos ratones de la pradera serán más fieles que otros.

Young reconoce que es probable que haya muchos genes involucrados en la regulación de la vida de pareja de los humanos. «Nuestro estudio arroja pruebas de que en un modelo animal relativamente sencillo, los cambios en la actividad de un solo gen pueden tener consecuencias profundas en el comportamiento social del animal en su especie.» Paralelamente, el doctor Young y sus colegas han encontrado muchas variaciones en el gen receptor de la vasopresina en los humanos. «Eventualmente», predice, «podríamos ser capaces de hacer algo como estudiar el genoma de una persona y relacionarlo con su capacidad de fidelidad.»

Si no hay ni ha habido dos cerebros iguales, ¿por qué nos sigue sorprendiendo un grado de diversidad tan elevado entre especies e individuos? La pura verdad es que, como se pregunta el genetista Steve Jones, del University College de Londres, no hay mayor misterio por descifrar que el de la diversidad aplastante surgida de un núcleo clónico ancestral. No sólo cada persona es un mundo aparte, sino que la diferencia de género también es patente en el teatro del amor.

Los neurocientíficos han admitido, particularmente por boca de la neuropsiquiatra Louanne Brizendine, de la Universidad de California en San Francisco, que el cerebro tiene sexo. A partir de aquí, ha sido factible sugerir las bases biológicas del desamor.

A causa de las fluctuaciones que comienzan nada menos que a los tres meses y que duran hasta después de la menopausia, la realidad neurológica de una mujer tiene un grado mayor de variabilidad que es difícilmente aprehensible por los hombres. El desconcierto producido por los cambios repentinos de humor y la excitación somatosensorial figuran, a menudo, en el semillero del desamor.

Tampoco es fácil conciliar estructuras de espacio distintas en el cerebro de las mujeres y los hombres. Las primeras disponen de mayor número de neuronas para los centros que rigen los sentidos del lenguaje y el oído. También son mayores los espacios ocupados por el hipocampo, los puntos neurálgicos de la memoria y las emociones. ¿Por qué se extrañan tanto los hombres de la precisión con que las mujeres recuerdan detalles vinculados al amor que ellos ni siquiera percibieron? ¿O de que, en determinados momentos, las mujeres respondan a los avances sexuales del hombre —que dedica dos veces y media más de espacio cerebral al instinto sexual— con la frase envenenada de «ahora no me apetece»?

La gente de la calle ya sabía que los hombres se enamoran más deprisa que las mujeres, pero nadie había podido demostrar que su libido funcione de manera distinta. El reciente descubrimiento sobre la incompatibilidad entre el estrés y el orgasmo femenino explica no sólo muchas desventuras amorosas, sino también hasta qué punto la organización social camina por senderos opuestos a los condicionantes biológicos.

Algunas pistas para no perderse

Todo empezó cuando la multinacional Pfizer, después de ocho años de investigaciones, anunció que renunciaba a seguir investigando por qué el éxito de las pastillas Viagra en los varones no podía repetirse en las mujeres. Las pruebas realizadas desde entonces han demostrado fehacientemente las diferencias que existen entre los impulsos sexuales de la mujer y los del hombre.

La libido del hombre se resiente menos del desgaste del estrés, posiblemente porque, de entrada, tiene unas veinte veces más de testosterona que la mujer —más de lo necesario para sentirse amoroso, especialmente cuando son jóvenes—. Por tanto, aunque le esté afectando sexualmente una racha de estrés, hay pocas probabilidades de que a él no le queden

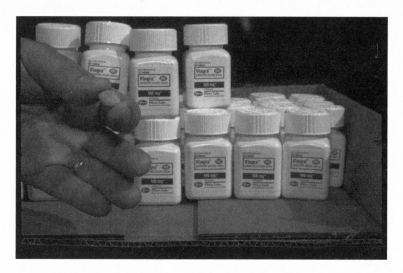

Pastillas Viagra,
inexistentes en
versión femenina.

recursos. Los niveles de testosterona de los hombres disminuyen aproximadamente un diez por ciento cada década después de los cincuenta
años, y en torno a uno de cada diez hombres entre los cincuenta y los
sesenta tendrá niveles de testosterona bajos que posiblemente afectarán
a su apetito sexual.

Cuando los hombres sienten atracción física, también sienten impulsos sexuales. Por supuesto, pensará el lector. Pero una mujer puede sentirse atraída físicamente y, sin embargo, no tener deseos sexuales. Lo
explica Sandra Leiblum, directora del Centro de Salud Sexual y de Relaciones de la Facultad de Medicina Robert Wood Johnson, en Piscataway,
Nueva Jersey: «Podemos incrementar todos los ingredientes necesarios
para la excitación de la mujer, incluidas la participación del clítoris y la
lubricación vaginal, pero una mujer seguirá sin desear tener relaciones
sexuales si está abrumada por lo que tiene pendiente al día siguiente». En
otras palabras, la libido de la mujer depende básicamente de su mente,
no de su cuerpo.

Con lo cual puede que la ciencia más moderna confluya con la mística
oriental, que otorga al pensamiento un poder determinante. Aunque el
cerebro es un órgano experto en lidiar con situaciones conocidas, sus
resultados son aleatorios en entornos nuevos, y el vínculo amoroso es

siempre absolutamente distinto al anterior. Más que al poder del pensamiento, lo idóneo sería referirse, de nuevo, al poder de la imaginación para transformar la realidad; fue lo que nos diferenció de los chimpancés, pero en el contexto actual, la capacidad para enmascararla o transformarla se ha acrecentado sobremanera.

En experimentos efectuados con cabras, se ha comprobado que las hijas de cabras estresadas son más propensas a heredar los impactos del estrés que los retoños del sexo masculino. Se trata de un asunto fundamental, lleno de implicaciones sociales e institucionales a las que, hasta ahora, se ha prestado poca atención. Caminamos hacia un tipo de organización social en la que se demanda mucho más a las mujeres que a los hombres: exigencias familiares, laborales, participación en la vida política y en los organismos rectores de la sociedad, sin contrapartidas sociales que atenúen el estrés.

Según las últimas investigaciones efectuadas por K. Dawood y su equipo, parece claro que el orgasmo de las mujeres cumple, además de las personales y familiares, una función netamente evolutiva. El orgasmo tira tanto del esperma a través de la barrera de la mucosa cervical como las contracciones musculares. La ausencia de orgasmo supone que la cantidad de esperma que penetra en el cuello uterino, portal de entrada del útero donde está esperando el óvulo, sea menor.

Los lazos afectivos humanos utilizan un mecanismo flexible capaz de superar las distancias sociales por medio de la desactivación de las redes que determinan los juicios sociales críticos y las emociones negativas; a la vez que une a los individuos a través de los circuitos de recompensa, lo cual explica el poder del amor para motivar y entusiasmar. En la vida de pareja, no sólo importaría, pues, la configuración individual en el cerebro de los mecanismos previstos para el vínculo amoroso, sino también las diferencias de intensidad en la inhibición de emociones básicas.

Uno de los factores que definen la incapacidad de amar y el desamor tiene que ver con las relaciones entre el amor y el deseo a nivel de individuos. De momento, sería arriesgado sugerir que la unión de estas distintas capacidades es más intensa en uno de los dos géneros. Lo que parece evidente, en cambio, es que, al margen de la especificidad del género, unos individuos pueden amar sin desear necesariamente, otros no pueden desear sin amar y otros, en fin, son perfectamente capaces de desear sin amor. Yo he conocido personas del sexo femenino y masculino —como relaté con cierto detalle en el capítulo 6— que se encuentran en esta última situación. Los resultados de la encuesta que se detallan en el capítulo 12 sugieren, de momento, que el desamor surge con mayor facilidad en aquellas personas que separan nítidamente el amor del deseo.

Quien cuestione la anterior hipótesis alegando la separación moderna entre el sexo y la reproducción no tiene en cuenta las últimas investigaciones de científicos como Bartels y otros, que han definido «la base cerebral y biológica del amor» como la superposición y la comunicación entre dos circuitos cerebrales: el de la vasopresina y el de la dopamina; el primero activa la preferencia a largo plazo por un organismo y el segundo lo vincula al placer y la recompensa. Cuando coinciden los dos, no sería extraño pensar que el vínculo entre dos organismos fuera más complejo y asentado, por mucha separación que se haya generado en los últimos años entre el sexo y el sistema reproductivo.

Falta aludir a los factores culturales del desamor y, particularmente, al más importante y menos explorado: el llamado autoengaño. Se trata de una de las pistas más seguras para el desamor pero de las menos comprobadas experimentalmente, a no ser por la original búsqueda encabezada por el sociobiólogo y biólogo evolutivo Robert Trivers a lo largo de veinte años. Me refiero al autoengaño consciente o inconsciente para engañar a los demás y, por lo tanto, a la pareja.

Las nefastas consecuencias del autoengaño

El punto de partida del autoengaño reside en la costumbre de formular generalizaciones positivas sobre uno mismo y particularmente negativas cuando se trata de los demás. Es un mecanismo psicológico complicado que conduce, irremediablemente, a buscar en cualquier parte motivos que apoyen la opción elegida por uno mismo, ignorando los datos del contrario.

Mucha gente se ha arruinado en la bolsa de valores y en la del amor a causa de esta «desviación sesgada». Hace unos veinte años, dos científicos, Ruben Gur y Harold Sackheim, del Instituto de Psiquiatría del estado de Nueva York, realizaron un experimento ilustrativo de lo que estoy diciendo. Cuando se da a un grupo de personas la posibilidad de escuchar su voz y la de otras personas por separado se produce, en el primer caso, una reacción galvánica en su piel junto a un mayor grado de excitación. Emocionalmente, está claro dónde yacen las preferencias. El experimento también respalda lo que se dice a continuación sobre el exceso de confianza en uno mismo. Nos preferimos a cualquier otra cosa.

La mayoría de veces el autoengaño es inconsciente y utiliza un tipo de información escondida que no cristaliza en el lenguaje. Los engaños conscientes suponen una extorsión continuada del pensamiento que requiere más esfuerzo y mayor voluntad que el engaño inconsciente. De ahí que su utilización acostumbre a ser breve y se recurra a él en última instancia. La mayor parte del autoengaño es inconsciente y está vinculado al grado de confianza en uno mismo o autoestima. Tanto es así que se podría concebir el exceso de confianza en uno mismo como un instrumento de la selección natural, porque ese exceso afecta al comportamiento de los demás, que se sienten subestimados o en inferioridad de condiciones.

En resumidas cuentas, recurrimos a una información invisible, escondida en el organismo mediante múltiples barreras, para confundir al interlocutor. Y este mecanismo para vencer al otro puede funcionar, simultáneamente, con el impulso de fusión y las estrategias del amor. Es bien conocido que la falta de confianza en sí mismo no funciona en el proceso de selección sexual. La persona enamorada también quiere ganar la partida y sojuzgar al otro. Aunque sea recurriendo al autoengaño inconsciente.

Entretanto, me viene a la memoria la última conversación que mantuve en Barcelona con Robert Trivers, la máxima autoridad mundial en autoengaño. Fui consciente todo el rato de que estábamos tocando un tema capital, cuya importancia llevaba él barruntando desde hacía veinte años. Los indicios de la profusa utilización de este mecanismo aumentaron, sin cesar, a lo largo de esos años —tanto a nivel del dominio individual como también y sobre todo del poder institucional y político—, sin que se hubiera avanzado demasiado en los experimentos necesarios para desmenuzarlo. He aquí parte de nuestra conversación:

Eduardo Punset: *Afirmas que cuanto mejor nos engañamos a nosotros mismos, mejor engañaremos a los demás. ¿Cómo funciona el autoengaño?*

Robert Trivers: El engaño es inherente a la vida en todos sus aspectos; adonde quiera que mires, siempre encontrarás engaños en la naturaleza. Los virus engañan al sistema inmunitario para penetrar en la célula. En el genoma existen ejemplos de genes que fingen ser otros para conseguir una ventaja y multiplicarse. Y también abunda el engaño dentro de la misma especie. Si se produce una selección para que yo te engañe y una selección para que tú puedas detectar mi engaño evitando las consecuencias, entonces se puede producir un mecanismo de selección para que yo esconda mi engaño más profundamente de manera que seas incapaz de detectarlo.

E.P.: *Y una manera de esconder más profundamente que te estoy engañando es no ser consciente de ello.*

R.T.: Exactamente. Si ahora mismo te miento conscientemente sobre algo que te importa muy especialmente, tú te fijarás con mucha atención en el brillo de mis ojos, en el tono de mi voz, en si me sudan las manos. Pero si ni siquiera soy consciente de que te estoy engañando...

E.P.: *Entonces, claro...*

R.T.: ...perderás todas estas pistas para detectar el engaño. Cuando empezamos a comunicarnos entre nosotros mediante el lenguaje, aumentaron muchísimo, evolutivamente, las posibilidades de engaño, así como las posibilidades de autoengaño.

E.P.: *Yo llevo años sugiriendo que hablando la gente no se entiende, sino que se confunde.*

R.T.: Para engañarte yo querré presentarte argumentos que parezcan destinados al bien común pero que, en realidad, reflejen mis propios intereses e intentaré esconder esta contradicción a quien me esté escuchando. Tenemos una capacidad tremenda para crear sistemas de creencia sesgados en los que, a pesar de todo, creemos invertir sinceramente. Se trata de un aspecto fundamental de la psicología humana que conlleva efectos desastrosos en ciertos contextos. Sobre todo, en el terreno de las relaciones internacionales y de la política nacional.

E.P.: *A veces resulta difícil sumergirse en la tentación de mentir conscientemente. La gente, me imagino, tiene que esforzarse para ello. ¿Hay motivos fisiológicos que induzcan a mentir inconscientemente?*

R.T.: Hay una vertiente del autoengaño de la que no me había percatado antes. Mentir conscientemente resulta agotador para el cerebro. Y por ello, resolverás menos fácilmente las tareas que tengas por delante, incluso cuando esas tareas no tengan nada que ver con la mentira. Al ocultar una parte de la contradicción en el inconsciente, mitigamos la presión interna de la propia mentira y, por lo menos a corto plazo, el rendimiento cognitivo es mejor en la mentira con autoengaño que en la mentira consciente.

Si lo que precede es cierto, seguramente, nos pasamos gran parte de la vida mintiendo inconscientemente, sin saberlo, para que el cerebro no se mortifique. Lo que debe complicar sobremanera el diálogo entre los enamorados y constituir un motivo constante del desamor. Nada nos puede ilustrar tanto sobre los desvaríos del desamor, sin embargo, como un relato real. El lector lo encontrará en el capítulo siguiente.

Capítulo 10

La historia de un desamor

Si tuviera por un momento el tiempo en mis manos, no diría
nada. Si tuviera por un momento el tiempo en mis manos, sólo te
miraría. Lo haría todo más fácil sin palabras.

(De la canción *Sin palabras* de Bebe)

Es banal desparramar los conocimientos adquiridos en el tramo final de una vida sobre una experiencia vivida treinta años atrás. Con idéntico escepticismo pueden contemplarse los resultados de verter aquella experiencia sobre los apuros de los demás aquí y ahora. Y, sin embargo, de no profundizar en la experiencia de entonces con las sugerencias de ahora, mis lectores podrían reprocharme no haber aportado —ni haberlo intentado, por lo menos— las evidencias de la experimentación y la prueba.

Aunque me revuelva las entrañas sonsacar al pasado el recuerdo ahora frío e inerte del desamparo que me causó un profundo desamor. Aunque sea consciente de la imposibilidad de aprender en cabeza ajena, por culpa de una condición genética que ha perdurado durante más de dos millones de años; estoy aludiendo, por supuesto, al descubrimiento de la neurociencia más cargado de implicaciones para la vida cotidiana y, no obstante, más subestimado.

¿Lo ha adivinado el lector? Me refiero, claro está, a la incapacidad absoluta de los humanos para ponerse —no en el lugar de otro, que es relativo; unos pueden hacerlo y otros no; las mujeres más que los hombres— en el interior de sí mismo pero en un estado de ánimo distinto. Cuando acabamos de comer, nadie puede imaginar el apetito que tendremos a la hora de cenar. Cuando se está locamente enamorado, nadie puede vislumbrar otro tipo de realidad. Las víctimas o protagonistas del desamparo y el desamor no pueden concebir sus conductas o sentimientos fuera del trance de la angustia y el terror. Somos capaces de imaginar la existencia de Dios pero no a nosotros mismos en otro momento y condición. Es posible que, a pesar de todas esas salvedades y cargas de escepticismo, el lector decida curiosear en la historia del desamor que sigue.

Historia de un desamor

«Mi primo me esperaba todas las tardes a la salida del colegio. Me subía a su coche, me daba un beso en la boca y apretaba con fuerza su mano contra mi pecho. Pasábamos por casa el tiempo justo para cambiarme los calcetines y la falda de colegiala por unos vaqueros muy ajustados y una blusa ceñida con un nudo en la cintura. En el ascensor de bajada me soltaba el cabello. Irrumpía como una exhalación en el coche —con el motor todavía en marcha— y partíamos hacia un chalet de las afueras. Yo acababa de cumplir dieciséis años. Él tenía treinta y seis y dos hijos.»

Fue en Tenerife cuando mencionó por primera vez a su primo, veinte años después de aquellas escapadas. Habíamos discutido hasta bien entrada la noche. Luego, en medio de un sueño agitado, se irguió de pronto en la cama y con voz monocorde soltó su vida en siete palabras:

«Yo sólo he querido a una persona.»

Meses más tarde, en una terraza cerrada al lado del mar en el sur de Mallorca, fue desgranando, entre lágrimas finas, el recuerdo inexpugnable en el que había plantado, como una palmera solitaria en la arena, toda su vida.

«Yo tenía dieciséis años. ¿Te das cuenta?»

Me acordaba de mi madre a mis dieciséis años protegiéndonos el cuerpo con hojas de periódico debajo del jersey para combatir el frío de la mañana a lo largo de los doce kilómetros en bicicleta desde Salou hasta la escuela de los hermanos de La Salle en Tarragona. Era un viaje florido entre campos de olivos que años más tarde se arrancarían para poner en su lugar un complejo petroquímico.

«Era como un juego de ama de casa con personajes reales. Un belén vivo. "¿Qué les preparo de cenar?", me preguntaba la sirvienta. No tenía ni idea. El horno soltaba humo de verdad y olores de canela. El perro meneaba el rabo en el jardín. A veces esperaba sola en el chalet durante horas a que él regresara de cumplimentar a los de fuera. Nunca tuve celos de su mujer. Tuvieron un hijo mientras estábamos enamorados sin que me importara ni pizca. Bastaba que me frotara el vientre. Me encendía entonces como una brea al viento. ¿Te parece extraño, verdad? Yo intuía que un millar de astas me desgarraban las paredes del cuerpo pero, en realidad, sólo sentía aquel abrazo. Me hubieran podido acribillar a tiros. Perdía la capacidad para percibir los dolores específicos y particulares. Sólo aquel calor que me abrasaba entera. A los dos años me quedé embarazada.»

Su primer aborto en Londres, flanqueada por dos secretarias de su primo, coincidió con mi regreso a España tras diecisiete años de ausencia. La muerte de Carrero Blanco en un atentado había disparado el inicio de la transición. La sociedad española se desperezaba tras un prolongado letargo. Su vida, en cambio, seguía herméticamente acotada por hitos y lindes estrictamente hormonales.

Sólo Dios sabe cómo se ha desembocado en la paradoja de circunscribir el ejercicio del poder al ordenamiento de las cosas muertas. François Mitterrand estuvo a punto de dar un día en la diana cuando, en pleno discurso ante quinientos parlamentarios europeos en Estrasburgo, abandonó de pronto el texto escrito y, levantando la mirada y su mano izquierda hacia el auditorio, preguntó: «¿Es la soledad, la soledad entre la muchedumbre, la peor? ¿Qué hacer con la propia vida? ¿Acaso el mal radica ahí? ¡Tal vez sí! ¿Qué hacer con la propia vida? ¿Para qué se vive? ¿Qué transmitir? ¿Qué valores llevar con nosotros en el breve tiempo que nos es concedido entre el nacimiento y la muerte? ¿Qué hacer con la propia vida?». Mitterrand acababa de retomar el hilo de la historia y de la verdadera política. Su personalidad siempre me ha dado la impresión de ser la de un robot al que, por distracción, le han colocado una cinta grabada con las meditaciones del pensador más tierno y delicado de fines del milenio.

«Yo vivo literalmente al margen de la historia. Las únicas demarcaciones de mi vida han sido encuentros sentimentales. No hay otra cosa. Mis pensamientos, mis anotaciones en la agenda, mis proyectos de futuro para después de la tarde, recuerdos, hasta el deporte que tanto me gusta, todo, absolutamente todo tiene que ver con mi capacidad de seducir a los hombres: ¡más simples que un lapicero!

»Me lavo el cabello, me arreglo los ojos, me pongo cremas en la cara y me ajusto una falda estrecha de cuero. Se me cruzan los cables. No puedo hacer nada. Me siento como embriagada mientras despliego mis encantos y percibo cómo la otra persona cae fulminada. Luego me ensaño siguiéndole la pista, simplemente, dejado a su propia suerte.

»Mi primo llegó a subirse a la copa de un árbol, como un mono, para espiar por encima de la verja cómo me comportaba en una fiesta a la que no había sido invitado, por supuesto, en la casa de campo de una amiga mía.

»Cuando llegué a la clínica cerca de Marble Arch, las dos secretarias estaban nerviosas. Y yo feliz. Como si no fuera conmigo. Quería, eso sí, guardar en un frasco un poco de mi niño. Estaba segura de que sería posible y se lo pedí a la enfermera antes de que me anestesiaran. Me desperté fatal. "¡Mi niño! ¿Dónde está mi niño?", no paraba de repetir, mirándoles a todos como una luciérnaga furiosa. Si ahora viviera tendría quince años. Es terrible. Estoy segura de que, al final, todo revierte sobre uno mismo. ¡Espera! ¡Espera! Hubo mucho más. Fue mucho peor», añadió enseguida al ver la expresión de mi cara. Y esta vez rompió en sollozos.

Se había fundido el hielo de las bebidas. A las seis de la tarde no quedaba nadie en la terraza. El ruido del mar me hablaba de otros mares, de otra condición, de otro tiempo.

Intentaba imaginarme a la abuela, también presa de amores prohibidos setenta años atrás. No era fácil. ¿Como sería Barcelona en 1918 para alguien que escapaba del tedio sofocante de Granollers? Ser guapa, muy guapa y encontrarse acorralada en un patio cerrado contemplando impotente cómo se marchita la frescura de la piel, cómo aparecen sin avisar las primeras varices y se hunden paulatinamente los senos en vertical debe de ser terrible.

Cada vez que la abuela lograba escaparse en busca de su amor misterioso iban tras ella los alguaciles y la encerraban en la residencia, sin pasar por casa. ¿Estaba realmente loca de amor o era una loca de atar?

¿Por qué el hombre a quien amaba no pudo retenerla? ¿Por no tener poder sobre las cosas de este mundo o por tener demasiado? Y si todas las horas hieren, ¿cuándo le llegó la última que mata? ¿En el manicomio o en el lecho, mientras era acariciada? ¡Pobre abuela!, ahora que lo pienso.

«Dos años después me quedé embarazada de nuevo. Iba a cumplir veinte años. La idea de abortar por segunda vez no me molestaba demasiado pero las mujeres tenemos un sexto sentido: me di cuenta de que él ya no estaba dispuesto a dejarlo todo para venirse conmigo. Subsistía la misma pasión pero entrecortada por caídas en abismos donde nos lacerábamos mutuamente; él con los celos y yo ahogando con rabia el gusanillo, para que no asomara ni la cabeza del despecho que no cundió sólo por no haberlo puesto a prueba. Una tarde de domingo se cortó las venas a mi lado. Hice tal esfuerzo físico apretándole las muñecas que perdimos los dos el conocimiento. Nos despertó la chica por la mañana abrazados en medio de la cama empapada de sangre.

»Después de abortar empecé a engañarle con un diplomático mucho más joven que él. Recuerdo que me sorprendía a mí misma la serenidad con que me inventaba compromisos, llenaba ausencias, culpaba a los cambios de clavija del teléfono, el viaje súbito al lado de mi mejor amiga a San Sebastián o la soledad de la noche con papá en el hospital. Tras cuatro años mintiendo a los demás, había aprendido a mentirme a mí misma y al lucero del alba.

»Con Juan iba a la feria de Jerez, con Pepe a Estambul y con Alberto a Jávea. Me pasaba el día pegada al teléfono montando con uno y desmontando para otros todo el trajín. El primo me hacía seguir por detectives privados. Fue así como un día nos sorprendió en el coche, de donde nos sacó a punta de pistola. Cuando me quise dar cuenta ya había disparado. Acabamos los tres en la comisaría. En el fondo le seguía deseando y cada vez que se lo proponía acababa yéndome con él.

»Recuerdo que mucho más tarde, una vez decidida a cortar definitivamente nuestra relación, me moría de bochorno al no poder impedir, cuando me forzaba, que gozara haciendo el amor con la misma intensidad de los primeros años. Era un lucha sin cuartel; por más que me autocercenara psicológicamente, siempre subsistía el deseo, todo el deseo.

»La mía es una frigidez sobrevenida. La quise con toda mi alma contra él. Me imponía a mí misma imaginar a otros hombres cuando me sentía arrollada. El resultado fue lo opuesto de lo esperado: mi incapacidad para ir con los demás y la sospecha fundada de que sólo con él volvería a estremecerme. Una y otra vez y mil veces. A los veintidós años me quedé embarazada por tercera vez. Pero esa vez no sabía —o no quería saberlo— quién era el padre de mi tercer hijo.»

La práctica totalidad de los acontecimientos que componen la historia del mundo transcurren ajenos y sin testigos, mientras cuatro escribanos indocumentados transcriben los discursos huecos de un papanatas. Si la tecnología hubiera sido distinta y otra la cultura técnica de la transcripción, la historia, tanto como el futuro que se vaticina, serían irreconocibles.

«"¡Basura podrida! ¡A la basura! ¡Lo echaré a la basura!", le grité a la cara. El hijo era suyo, pero al principio se sacaba el mochuelo de encima escudándose en mis relaciones con el otro. Éste, en cambio, estaba convencido de ser el padre. Quería que nos casáramos enseguida y ya había encontrado piso. Me hizo falta mucho valor para decirle que no. Que era de mi primo. Fue espantoso. Huyó como si la lava de un volcán le pisara los tacones. Tuve la sensación de quedarme limpia de polvo y paja. Fue lo más valiente de mi vida. Me sentía orgullosa. Fui a abortar como si acabara de confesarme y tomar la comunión. Me quedé dos años en el extranjero.

»Cuando regresé a España alternaba las estancias en Portugal con temporadas en la nieve. Había conocido a un monitor de esquí, que todavía era mi novio cuando empecé a salir contigo. En la cena había arrimado su muslo contra mi pierna y decidí simular que no me daba cuenta. Esquiaba de maravilla. Siempre estaba metido en las pistas más peligrosas o parándose en seco en el filo de un barranco. Lo pasé de fábula. Después de las vacaciones me llamó por teléfono para invitarme a unos campeonatos en Francia. "De acuerdo", le dije. "Si tenemos habitaciones separadas." Cuando llegué, resultó que sólo quedaba una habitación. Han pasado ocho años desde entonces. A mi padre le caía muy bien. Tiene unas piernazas que me las envidiaría más de una. El único problema con él es que apenas habla. No dice nada, salvo mentiras. Es mentiroso como yo. En el fondo es por esto por lo que nos entendemos tan bien.

»¿Qué estás pensando? Con este pasado me lo he preguntado más de una vez. ¿Tú qué crees? Si un día encuentro a alguien serio, ¿se lo contarías todo o sería mejor callarse?»

«Sería mejor callárselo, ¿no?», fue mi respuesta.

A la mañana siguiente me encaré de nuevo con la agenda repleta de viajes. No es cuestión únicamente de no perder el tiempo con temas que nunca recabaron la atención y el esfuerzo de las gentes de mi mundo. Se trata también de evitar cualquier tentación de ensimismarse en aquel remolino amargo. Por otra parte, es la única venganza creíble. Con el tiempo, ella tendría que aceptar —en los raros momentos en que la distrajera pensar en este asunto— que fui capaz de renunciar y pude compensar con un postrero e irrelevante desdén algo del dominio que ejerció sobre mí.

Los protagonistas cotidianos del amor y de los celos no reflexionan sobre sus actos y mucho menos son capaces del relato sosegado. En cambio, a los que viven en el mundo de las ideas les está vedado el de las pasiones. Una vida de braguitas y sentimientos al margen de la historia universal es la más corriente entre la gente común. Los que podrían elaborar teorías sobre el amor sólo saben de soledades, desamores y ficciones. Los que viven no saben y los que saben no viven.

«En cuestión de amores, estás en pañales», me había dicho siempre. Sólo a medias la entendía. Imaginaba que el desconocimiento concernía exclusivamente a las artes de la seducción, que nuestra generación había utilizado tan píamente. Se tarda un tiempo antes de descubrir la guerra sin cuartel que puede estallar entre los sexos. Se mantienen abiertas las heridas con cuchillos oxidados. Se clavan alfileres en nervios conectados directamente a un mar de alaridos. Se manipula el tiempo como un cáncer a distancia y se modifican las tácticas sobre la marcha, en función de los gestos alucinados de la víctima. Ríete tú de los suicidios con un tiro en la boca y de los atracos a mano armada. Es la ley de la selva sin código ni delitos tipificados, sin tribunales ni fiscales que incoen procesos ni defensores de las presas despavoridas. *Campi qui pugui* ('el que pueda que escape'), como se dice en catalán, es la única moral vigente en la historia de los sentimientos. Más de mil años glosando el *Código* de Justiniano han desembocado en un armazón jurídico que sólo ampara la compra de un piso o la letra de cambio.

El desamor es una emoción transitoria

Hasta hace bien poco la terapia del desamor pasaba por el olvido forzoso. Primero, cobrar conciencia de que todo termina: un árbol, una flor, la vida. La finitud es un atributo básico de la belleza porque únicamente a su vera fermenta la intensidad necesaria para que estalle el placer. La puesta de sol en el Machu-Picchu, antes de que la selva gimiente engulla aquella bola de fuego, pasaría desapercibida si no fuera todo cuestión de minutos. La permanencia banaliza el mundo.

Es sabido, por lo demás, hasta qué punto resulta inútil avivar los resentimientos y el amor propio ultrajado. No sirve de nada confeccionar la retahíla impertinente de sus pequeñeces e indignidades. ¡Qué superfluo atiborrar el consciente de los mil trazos vulgares que, con razón, la definen a ella cuando el inconsciente, a pesar y por encima de todo, la sigue reclamando! ¡Qué pretencioso repetir, como Stendhal, que «las mujeres, con su orgullo femenino, se vengan de los necios con los hombres de espíritu, y de las almas prosaicas con los corazones generosos a golpe de dinero y de bastonazo»!

Aprender, en cambio, a saborear —como el enfermo convaleciente de una enfermedad prolongada degusta los primeros alimentos sólidos— la libertad recuperada. La pasión amorosa es una regresión infantil para la que, al contrario de lo que ocurre con los reencuentros del niño con su madre, no hay refugio ni calma posible. La dependencia del ser amado es igualmente absoluta, pero siendo tan frágil la convicción de las lealtades recíprocas, el alejamiento y la presencia son perfectamente compatibles. La cercanía física no hace mella en la distancia. La duda permanece.

¿Por qué no explorar los resortes que mueven las angustias que emanan del teléfono que no contesta a la una de la madrugada? Ya sé que el sufrimiento no es acumulativo, pero todo el desgarro de la historia, fosilizado a lo largo de millones de años, repleta de dolor, desde los gritos sordos de todos los emparedados hasta la mirada blanca y desorbitada de aquellos a los que sorprendió la caída en uno de los cien mil precipicios apostados como cepos en los caminos de la Tierra, cristaliza en el silencio entrecortado de una docena de señales telefónicas recurrentes sin respuesta.

De la historia del desamor sonsacada al pasado sólo emerge una conclusión irrefutable. Es el único asidero para las almas en zozobra mientras no es demasiado tarde. Es la pista exclusiva en forma de venganza. El desamor está programado, a diferencia de nuestras vidas, para morir. Podrían resucitar los cuerpos según la promesa bíblica, sin que lo hiciera el desamor inerte y frío.

Pero para morir ¿cuándo? Antonio Damasio ha sugerido una nueva terapia: la mejor manera de precipitar el final de una emoción negativa es generando otra emoción de la misma intensidad pero de signo contrario. En lugar de zambullirse en la interpretación minuciosa de la pesadilla, es necesario perseguir el destello de un nuevo esplendor.

Capítulo 11
Conclusiones

Ha llegado el momento de recapitular los principales puntos de esta visión inédita y asombrosa del amor. Hemos rastreado e identificado las últimas contribuciones de la ciencia sobre la naturaleza y el impacto del comportamiento amoroso y se imponen las siguientes conclusiones.

Estas sugerencias, unidas a la prueba de autoevaluación que cierra el libro y que el lector puede efectuar por sí mismo para medir su capacidad de amar, junto a la fórmula de los factores responsables del amor (véanse una y otra en el capítulo siguiente), acercarán al lector, posiblemente por primera vez, a la comprensión de un sentimiento que ha conmovido a los organismos vivos desde hace más de tres mil millones de años.

La ciencia acaba de adentrarse en el análisis del amor, y —como ocurrió con el estudio de la felicidad— sólo lo ha hecho cuando las nuevas tecnologías y el conocimiento genético le han permitido «medir» los impactos del amor y aplicar, por consiguiente, el proceso científico al conocimiento de las emociones. Se trata de un esfuerzo investigador que se inició hace unos años apenas, pero cuya intensidad y rigor ha desvelado ya hechos sorprendentes, todavía desconocidos por el gran público y las instituciones sociales afectadas.

La lotería genética

El amor es el asunto que precedió a todos los demás en la historia de la vida. Hace más de tres mil quinientos millones de años, lo primero que hizo para sobrevivir el primer organismo unicelular fue atisbar, soltando las señales químicas adecuadas, si había alguien más a su alrededor con quien fusionarse.

En la raíz del impulso de fusión y, por lo tanto, del amor no se encuentra —a diferencia de lo que airea la extensa literatura sobre la materia— la necesidad de entrega y sacrificio, sino la de sobrevivir a la soledad y al abandono impuestos por el entorno.

El amor, entendido como instinto de fusión, precede, pues, a la existencia del alma y de la conciencia, al resto de las emociones e impulsos, al poder de la imaginación y al desarrollo de la capacidad metafórica, de fabricar máquinas y herramientas, al lenguaje, al arte y a las primeras sociedades organizadas. Cuando no había nada, ya funcionaba el instinto de fusión con otros organismos. Ya existía la prefiguración del amor moderno.

Los genes determinan la conducta potencial y el entorno puede modelar la práctica del comportamiento amoroso. El hecho es que la parte más importante de la vida no roza el dominio de la conciencia ni por asomo. ¿Tan extraño resulta, pues, que el comportamiento amoroso esté anclado, cuando no programado, en gran parte, en el subconsciente?

Por primera vez disponemos de una explicación biológica del comportamiento social y emocional. El concepto del amor se está arrancando, así, del dominio de la moral para inscribirlo en el de la ciencia.

La fusión irrefrenable con el otro

Es sorprendente que la mayoría de gente asocie el amor a un resplandor fugaz que ilumina un ansia de entrega y desprendimiento. El amor sería para ellos una conquista reciente del conocimiento, perfumada de un hálito literario. Los homínidos habrían inventado, literalmente, el amor en la época de los trovadores. Pero el amor —entendido como impulso de fusión— es una constante de la existencia, y nunca hubo vida sin amor. El impulso de fusión es una condición inexcusable para sobrevivir.

El gran hito en el camino a la modernidad fue el secuestro de la línea celular germinal, que acantonaría al resto de las células en su actual condición de somáticas, trabajadoras leales y perecederas. En el estatuto de la vida se asignaba en exclusiva la competencia de su perpetuación a las células germinales o, si se quiere, a la sexualidad.

Es verdad que el precio pagado por esa especialización celular es singularmente abusivo. Las bacterias, organismos unicelulares que se reproducen subdividiéndose, no mueren nunca. Un clon es idéntico al siguiente y éste al siguiente durante toda la eternidad. Los organismos multicelulares como nosotros, en cambio, son únicos e irremplazables.

La diversidad y el sexo comportan la individualidad y, por tanto, la muerte. Tal vez porque han sido protagonistas de los dos universos, sucesivamente, los humanos siguen sin estar del todo reconciliados con la idea de que la creatividad individual y el poder de cruzar fronteras desconocidas tenga que ir aparejado con la muerte.

Aprender a copular para dejar de ser clones

Las diferencias de sexo son mucho más difusas y oscilantes de lo que a menudo se da a entender porque están en juego, sobre todo, flujos hormonales y químicos no caracterizados, precisamente, por su permanencia o invariabilidad. La neurocientífica Louann Brizendine recuerda que el espacio cerebral reservado a las relaciones sexuales es dos veces y media superior en los hombres que en las mujeres, mientras que en éstas son más numerosos los circuitos cerebrales que se activan con el oído y las emociones.

De acuerdo con Simon Baron-Cohen, los hombres son mejores para desentrañar el funcionamiento de sistemas. La historia de la evolución tendería a confirmar estos hallazgos en el sentido de que la caza, con su parafernalia de dardos y percepción del espacio, habría seleccionado a los cazadores-recolectores dotados del conocimiento del sistema físico que requiere tal tarea, al tiempo que el cuidado de los niños, asignado al sexo femenino por nuestros antepasados, habría prodigado aquellos genes dados al reconocimiento de las emociones y estados de ánimo de los demás.

Desmond Morris identifica las diferencias de sexo no sólo en las mentalidades distintas, sino en la propia historia de las respectivas biologías. A lo largo de la evolución, los dos sexos se han caracterizado por la neotenia; es decir, los humanos —a diferencia de otros animales— han ido aumentando sus rasgos juveniles, como el ánimo juguetón —y no sólo el ánimo, sino la mentalidad infantil—, en plena edad adulta.

Ahora bien, este proceso no se manifiesta igual en las mujeres que en los hombres. En las primeras la mentalidad de chiquilla se ha preservado en menor grado que en los segundos, mientras que sus formas y perfiles físicos han cambiado notablemente a lo largo de la evolución. Los hombres siguen conservando un mayor parecido con el antecesor común de los chimpancés y lo que eran nuestros antepasados, pero con una mentalidad de niño en mayor grado que aquellos y las mujeres.

El factor de diferenciación más importante entre los sexos —para muchos científicos, el único absoluto y determinante— es la disparidad de las células germinales: la contraposición entre los numerosísimos espermatozoides, de tamaño minúsculo, y los escasos óvulos, mucho más grandes.

Células germinales distintas quiere decir, entre otras muchas cosas, comportamientos sexuales diferenciados. El orgasmo en la mujer requiere, primordialmente, una inhibición casi total de su cerebro emocional; es decir, se produce la desconexión de emociones como el miedo o la ansiedad. Una vez más, nos encontramos con la importancia de la ausencia del miedo para definir la felicidad, la belleza y ahora el placer femenino.

En el varón, en cambio, los niveles de actividad emocional se reducen en menor medida durante la excitación genital y predominan las sensaciones de placer físico vinculadas a esa excitación.

Es muy probable que el acto de copular tal como lo entendemos hoy se desarrollara cuando los primeros artrópodos abandonaron el mar. La mezcla constante de genes distintos en un mismo individuo, la irrupción incesante de nuevo material genético, complicó sobremanera la vida de los parásitos que, a partir de entonces, se enfrentaban a huéspedes desconocidos y potencialmente más resistentes.

¿Por qué somos como somos?

«Sólo los propios humanos podían constituir una amenaza suficiente», dice Richard D. Alexander para explicar el desarrollo de la inteligencia y de la evolución. La vorágine social del chismorreo mantiene a la gente en un estado de ansiedad y alerta muy superior al que exigiría el simple ánimo de sobrevivir y reproducirse.

La vertiente positiva de este estado de ánimo es un aprendizaje constante de los avatares del dominio social y el desarrollo de la inteligencia. Ningún otro animal sería capaz, por supuesto, de tanto desafío innecesario y continuado para hostigar y predecir los mecanismos cerebrales de los demás.

Es una situación excepcional con relación a otras especies. En un entorno así, resulta imprescindible descifrar lo que está cavilando el cerebro del interlocutor o del vecino.

Al analizar las razones evolutivas del amor, todo lo anterior tendría muy poco sentido sin recurrir al impacto del tiempo geológico. Me estoy refiriendo, en primer lugar, al cambio del modo de locomoción de cuadrúpedos arborícolas a bípedos en la sabana africana. Esta novedad mejoró el rendimiento energético del homínido, pero disminuyó el tamaño de la pelvis justo cuando aumentaba el del encéfalo craneal. Dado que el bebé desciende a través del canal del parto y la pelvis, el tamaño de ésta tiene un impacto sobre la potencial facilidad, o dificultad, del alumbramiento.

El incremento en el tamaño del cerebro, debido a motivos evolutivos, creó, sin embargo, un problema práctico importante: los bebés humanos tienen cabezas muy grandes, que pasan con mucha dificultad por el canal de nacimiento. Sólo queda una opción: las crías humanas nacen doce meses antes de tiempo.

Este hecho tiene implicaciones determinantes para las relaciones humanas. Una criatura prematura es extremadamente vulnerable. Su gran cerebro —que crece a un ritmo fortísimo en los dos primeros años de vida— tiene enormes necesidades metabólicas. Criar niños y prepararlos para que puedan valerse por sí solos es una tarea que supera ampliamente la capacidad —por mucha entrega que se derroche— de una sola persona.

La evolución se asienta sobre los mecanismos paralelos de la selección natural y la selección sexual. Parece innegable que la selección sexual favorecería la perpetuación de aquellos espermatozoides que no se perdieran en encuentros múltiples, aleatorios y, a menudo, infructuosos; que premiara la eficacia implícita en concentrar la atención y el esfuerzo en una sola persona; que garantizara, en definitiva, un mayor porcentaje de aciertos en los intentos reproductivos.

¿Cómo fidelizar la atención del varón? Con toda seguridad, la ovulación oculta desempeñó un papel primordial en ello. Si el éxito reproductivo requiere constancia, la disponibilidad permanente de la hembra para el amor, sumada a la incertidumbre sobre el momento de la fecundación, era la táctica natural más expeditiva.

Junto al origen del bipedismo y la ovulación oculta caben pocas dudas de que el aflorar de la conciencia, a partir de un momento dado en la historia de la evolución, constituye el tercer hito en el camino que marca nuestro modo de amar.

Cuando se habla de conciencia se está aludiendo a la capacidad de interferir con los instintos desde el plano de la razón. Un individuo que tiene conciencia de sí mismo es alguien sabedor del poder de sus emociones y de su capacidad —nunca demostrada del todo— para gestionarlas. Un organismo individual de esas características podría, potencialmente, neutralizar su instinto de fusión. Es la supuesta capacidad de los humanos para interferir en el funcionamiento de procesos biológicos perfectamente automatizados. El amor se encarga de eliminar el pensamiento consciente.

El amor también está en el cerebro

Si están claras las razones evolutivas del amor y encontrar pareja es tan fundamental para la selección sexual —e incluso para la selección natural—, resultaría sorprendente que la evolución no hubiera previsto un órgano específico para ello.

Se ha sugerido que las preferencias mostradas por una pareja dada, a largo plazo, se deben a los circuitos de la vasopresina, que, de alguna manera, conectan con los circuitos de la dopamina, por lo que un animal asociará a una determinada pareja con una sensación de recompensa.

En los humanos, a esas zonas se las podría calificar de «sustrato neuronal del amor puro». El azar quiso que se unificaran los circuitos para identificar la pareja elegida y los circuitos del placer, y que de ahí naciera el amor irresistible.

El nivel de felicidad aumenta a partir de una edad avanzada. No se trata, únicamente, de que el paso de los años haya ampliado inusitadamente el archivo de datos y recuerdos para adquirir un poder metafórico cada vez más acrecentado, sino que las últimas sensaciones de bienestar, para poder transformarse en emociones, habrán requerido experiencias más ricas y complejas que las anteriores.

Los mayores de sesenta y cinco años son más felices —como demuestran las encuestas— por un doble motivo: el mayor tamaño del archivo que sustenta la capacidad metafórica, así como la lógica codificación y sofisticación de las últimas experiencias amorosas para que puedan superar a las primeras.

En investigaciones recientes con determinados insectos y mamíferos se ha comprobado que un gen controla el comportamiento sexual. Vistas en su conjunto, las nuevas pruebas demostrarían, de manera irrefutable, que comportamientos sexuales innatos tienen una base genética muy fuerte. Y cuando se constatan comportamientos innatos, es muy arriesgado descartar que no están modulados por circuitos cerebrales, al igual que ocurre con otras partes del organismo.

El estudio de los circuitos neuronales del amor arroja dos conclusiones básicas: estamos hablando del cerebro primordial, cuyo origen se remonta a millones de años, y en modo alguno de un sentimiento moderno, como puede haber dado a entender la literatura sobre el amor. El amor romántico es, por encima de todo, la eclosión de un vínculo de apego y dependencia diferenciado que fluye en los mecanismos cerebrales de recompensa.

La química y la física del amor

En la diferenciación específica, dentro de un género, para elegir a un organismo en particular en lugar de a otro desempeñan un papel importante factores como la simetría y la compatibilidad entre los sistemas inmunitarios de la pareja.

Encontrar una pareja receptiva constituye una empresa suficientemente compleja como para que la evolución haya admitido la necesidad de crear un sistema olfativo específico e independiente. Se trata de un segundo sistema olfativo accesorio, llamado vomeronasal, capaz de detectar las señales olfativas emitidas por una especie y un sexo determinados, ya que no sólo contienen información acerca de la ubicación del individuo, sino también del sistema reproductivo y de su disponibilidad.

Las feromonas se han detectado, entre otras muchas criaturas vivas, en bacterias, algas, reptiles, primates y peces. La única omisión llamativa de esta lista son los pájaros. Fue con mujeres con quien se realizó la primera demostración de que las feromonas también operaban en los humanos.

Según Hermann Weyl, «la simetría es la idea a través de la cual la humanidad, en todos los tiempos, ha intentado comprender y crear el orden, la belleza y la perfección». Las últimas investigaciones apuntan también a la simetría como factor decisorio en la selección sexual.

El equilibrio en el desarrollo de un organismo refleja la capacidad metabólica para mantener su morfología en el entorno que le tocó vivir. No es posible precisar ni medir la estabilidad del metabolismo de un organismo, pero sí pueden medirse las desviaciones con relación al prototipo ideal.

El poder de la imaginación

La diferencia fundamental entre el antecesor que compartimos con los chimpancés y los homínidos radica, justamente, en esa capacidad. Mi intuición me dice que sólo hay dos fuentes primordiales del amor: una, explorada hasta la saciedad en los laboratorios científicos (el nivel de fluctuaciones asimétricas como indicador de la belleza y la capacidad metabólica de un organismo); totalmente virgen la otra, que nos adentra, con grandes dificultades, en el poder fascinante y todavía desconocido de la imaginación. Ambas fuentes se asientan en el soporte de la memoria. Todas las demás causas palidecen frente al ímpetu arrollador del primer cerebro de los humanos, su sistema inmunológico y su capacidad de imaginar, que es el componente más evolucionado.

La capacidad de imaginar tiene también un claro sustrato biológico. No abandonamos el recinto del cerebro cuando eliminamos las barreras del espacio y el tiempo. La percepción imaginada del Universo —incluida la del ser amado— está sujeta a los sentidos, fundamentalmente a los del tacto y la vista. Y tocamos o miramos en función de nuestro conocimiento.

Lo que hemos querido saber sin éxito desde hace mucho tiempo es por qué hay personas que, sencillamente, son más imaginativas o creativas que otras. Está claro que hace falta un cierto nivel de inteligencia por debajo del cual es muy difícil la creatividad. Pero también está demostrado que, siendo un factor necesario, no es suficiente.

Se está comprobando que, en contra de todas las apariencias, el porcentaje de creativos en el mundo del arte es mayor que en la comunidad científica. ¿Por qué? La respuesta tiene que ver con unos circuitos cerebrales que el neurólogo Mark Lythgoe llama inhibidores latentes. Cuando se activan esos circuitos tendemos a filtrar y hasta eliminar toda la información o ruidos ajenos a la tarea que se está ejecutando: leer un libro en un tren de cercanías abarrotado de gente, leer el correo electrónico, escalar una montaña o hacer el amor.

En la persona enamorada —obcecada en el ser amado—, el mecanismo de sus inhibidores latentes parece funcionar a la perfección. Son herméticos. De ahí a deducir que el enamoramiento no es la condición óptima para el pensamiento creativo no hay más que un paso; un paso que la historia de los grandes amores tendería a probar.

Visualizar mentalmente un objeto o una persona desencadena en el cuerpo los mismos impactos que percibirlo; la imaginación de una ame-

naza potencial activa procesos biológicos como la aceleración de los latidos cardíacos o el ritmo de respiración de la misma manera que cuando
se percibe en la realidad.

Construir un futuro común

Antes de entrar en los ángulos de la tela de araña que se fabrica en torno al
amor, es ineludible recordar que el primer cometido de la pareja es entenderse. La verdad es que las bacterias parecen tenerlo más fácil. Cuando se
trata de sistemas de comunicación, no siempre los más complejos funcionan mejor. Las bacterias recurren a un mecanismo llamado «identificación del consenso» que les permite gozar de las ventajas de los organismos complejos, a pesar de ser organismos unicelulares.

Cuando se vive en un grupo que genera un sinfín de relaciones de cooperación, competencia y amenazas mutuas, la selección natural favore-
cerá a los individuos que se las apañen mejor que otros para intuir lo que
piensa su interlocutor.

Las palabras no son, fundamentalmente, un canal para hacer explíci-
tas las convicciones propias, sino el conducto para poder intuir lo que
está cavilando la mente del otro. Sólo cuando esto se descubre, surge la
oportunidad de ayudarle o influirle. La mayoría de parejas y, por desgracia, la mayoría de gente dedica mucho más tiempo a intentar explicar lo
que piensan que a intuir lo que piensan los demás.

Con o sin lenguaje, los primeros embates de la vida de la pareja ocurren en la etapa de la fusión. La mente y el cuerpo están plenamente dedicados a fusionar dos seres vivos de procedencia y naturaleza distintas. Un
porcentaje significativo de las horas transcurre en el dormitorio: se trata
de dar rienda suelta al ánimo de fusión amorosa.

La segunda etapa está caracterizada por la construcción del nido. Se
asumen nuevos compromisos que garanticen una infraestructura adecuada a la vida en común. Si es preciso, se cambia de lugar geográfico o
incluso de trabajo. El amor se expresa menos en besos y caricias y más en

desvelos, trabajo y contratos que cimienten una plataforma común sostenible.

Desde que la neurociencia ha puesto de manifiesto los efectos a largo plazo, en la neocorteza de los adultos, de las equivocaciones cometidas durante el proceso del cuidado maternal de los niños, no debiera sorprender el efecto negativo acumulado sobre el comportamiento de las parejas y de la especie.

La última etapa —de la que depende la futura vida en común en igual medida que las anteriores— consiste en la delimitación negociada de los campos respectivos de libertad. Superado el tiempo dedicado a la fusión y a la construcción de una arquitectura para sobrevivir, llega el momento de negociar los grados de libertad que regirán las actividades de cada uno. Se trata de un proceso lento y complicado, cuyo resultado suele venir dado por la propia experiencia cotidiana.

El desamor:
factores biológicos y culturales

Es sorprendente que pocos o ningún sistema educativo intente inculcar a los futuros enamorados —todos los alumnos van a pasar, tarde o temprano, por ese trance— un mínimo conocimiento sobre las características de las hormonas vinculadas al amor.

Lo que está diciendo la ciencia moderna no es, simplemente, que el desamor desentierra los miedos que de niño empapaban la ansiedad de la separación de la madre y, ahora más a menudo que antes, también del padre. Lo que estamos sugiriendo es que, paradójicamente, de adultos no se dispone de más herramientas para hacer frente al desamor que las que teníamos de niños para combatir la ansiedad de la separación. Porque los mecanismos y las hormonas que fluyen por ellos son los mismos.

A lo largo del primer año de vida, el niño busca la interacción. La proximidad del cara a cara y la mirada a los ojos son muy importantes. Se ha comprobado, repetidas veces, la importancia de la comunicación visual en los primates sociales.

Estamos sugiriendo, ni más ni menos, que la ansiedad de la separación activada por el abandono tiene efectos equivalentes a los del temor a la muerte o el estado emocional previo al suicidio, tanto en los niños como en los adultos.

La gente sabía que los hombres se enamoran más deprisa que las mujeres, pero nadie había podido demostrar que sus libidos funcionaran de manera distinta. El descubrimiento reciente sobre la incompatibilidad entre el estrés y el orgasmo femenino explica no sólo muchas desventuras amorosas, sino también hasta qué punto la organización social camina por senderos opuestos a los condicionantes biológicos.

Uno de los factores que definen la incapacidad de amar y el desamor tiene que ver con las relaciones entre el amor y el deseo en cada individuo. Parece evidente que, al margen de la especificidad del género, unos individuos pueden amar sin desear necesariamente, otros no pueden desear sin amar y otros, en fin, son perfectamente capaces de desear sin amar. Los resultados de la encuesta que se detallan en el capítulo 12 sugieren, de momento, que el desamor surge con mayor facilidad en aquellas personas que separan nítidamente el amor del deseo.

La historia de un desamor

Los efectos del desamor se vislumbraban en el capítulo anterior. El relato de este capítulo es la historia personal de un desamor que, treinta años después, sigue estremeciendo al autor.

Capítulo 12
La fórmula del amor

A la luz de todo lo que antecede, el lector cuenta ahora con la información necesaria para adentrarse en los vericuetos entretenidos de la fórmula del amor y, sobre todo, para descubrir y medir por sí mismo su propia capacidad de amar. En el diseño de esta autoevaluación han intervenido diversos grupos de psicólogos experimentados y especialistas de mercado que, a su vez, contrastaron sus planteamientos con grupos de lectores potenciales. El autor —no quería dejar de la mano a mis lectores en una tarea tan sensible e innovadora— aceptó coordinar el proyecto más amplio de una encuesta sobre la felicidad que incluía, lógicamente, la capacidad de amar. El trabajo ha sido dirigido y realizado, con tanto empeño como inteligencia, por la multinacional Coca-Cola, cuya sede está en Atlanta.

Sin prejuzgar la bondad de los resultados —eso incumbe al lector que realice su propia autoevaluación—, el hecho es que nunca se habían puesto tantos esfuerzos profesionales y académicos en medir una variable tan olvidada y, al mismo tiempo, tan presente en la vida emocional de las personas como la capacidad de amar. De eso trata el siguiente y último capítulo del libro.

La fórmula del amor

$$A = (a + i + x)\, k$$

Si se quisiera medir la eficiencia o relación coste/beneficio de un vaso o de una jarra, se tomaría la cantidad de agua que pudieran contener y la dividiríamos por el volumen del material utilizado como soporte. Si necesitamos mucho volumen para contener muy poca agua se dirá que la eficiencia es muy baja. Eso es lo que ocurre con un florero de cristal macizo. Si, por el contrario —como sucede con una buena jarra—, tiene poco volumen en material pero cabe mucha agua, la relación coste/beneficio puede ser muy alta.

El único problema en ese tipo de mediciones es que quizás se elija un soporte que no está fabricado, justamente, para recoger agua sino para otros fines. En este caso, habría que añadir a estas dos variables una tercera, aplicable a la especialidad para la que fue diseñado el soporte.

La ventaja de elegir ese sistema de medidas en el caso del amor reside en que el soporte —la persona enamorada— fue diseñado por la evolución, precisamente, para enamorarse. Salvo defecto personal de orden genético u otro tipo, como la esquizofrenia, se puede, pues, asignar al denominador una cantidad óptima en todos los casos. El problema consistiría básica y únicamente en medir la capacidad de amor de que la persona es capaz; es decir, se trataría de definir la cantidad de fluido del contenedor humano, el numerador. Y esto no es imposible, ya que contamos con algunos criterios bien probados.

Si el lector está dispuesto a seguir al autor, mezclando una gota de humor en un proceso rigurosamente científico para un tema tremendamente serio, entonces podríamos sugerir una fórmula para medir el volumen de amor que puede generar y albergar una persona. Como en el caso del vaso o de la jarra estaríamos midiendo su eficiencia o relación coste/beneficio en cuestiones de amor.

Si además, como es el caso, se han podido evaluar individualmente, mediante encuestas, las distintas dimensiones de la capacidad de amar, se cuenta con un instrumento único y absolutamente novedoso para profundizar en la psicología humana.

Este proyecto está auspiciado por la multinacional Coca-Cola, que ha movilizado para este empeño importantes recursos financieros, humanos y organizativos. Gracias a ello, el lector puede ahora evaluar por sí mismo, por vez primera, desde bases razonablemente científicas, su capacidad de amar contestando, simplemente, al cuestionario que se detalla más adelante.

Primera variable: el apego seguro

En los capítulos anteriores hemos comprobado que la señal más emblemática del amor viene dada por la teoría del apego seguro o vínculo maternal. Para el niño, el punto de apego seguro (el amor maternal) es la base de partida desde la que irá emprendiendo excursiones sucesivas al mundo exterior. (Véase el cuadro de variables de la capacidad de amar.)

La primera componente es el juego negociado del amor entre la madre y el niño. Del resultado de este juego depende, básicamente, el sentimiento de autoestima del futuro adolescente.

Partiendo del recinto que hemos llamado del apego seguro, se llega a la escuela. Como se vio en capítulos anteriores, se abre así la posibilidad de replicar en un escenario distinto y más complejo las emociones vinculadas a la base de partida. El éxito o fracaso de esta excursión primera al mundo exterior depende, en gran parte, del tipo de negociación a que llegaron madre e hija o hijo dos años antes. Y, por supuesto, de lo que ocurra en este teatro de la vida depende el afianzamiento del sentido inquisitivo

CUADRO 1
Variables de la capacidad de amar

I. APEGO SEGURO
Amor maternal (base de partida)
Escolarización
En busca del amor del resto del mundo

II. INVERSIÓN PARENTAL
Fusión de la pareja
Construcción del nido
Negociación de los márgenes de libertad

III. CAPACIDAD DE RESISTENCIA METABÓLICA
Y SEXUALIDAD

---

y de la curiosidad; las ganas futuras de profundizar en el conocimiento de las cosas y en las relaciones con los demás.

El equilibrio alcanzado en la etapa maternal le permite pasar por la escuela sin perder la seguridad en sí mismo ni defraudar su curiosidad o, por el contrario, con ambas mermadas.

¿Cuál es la última excursión? La incorporación al resto del mundo, es decir, a la vida profesional y personal. A ese recinto se llega con ganas de ignorarlo y, tal vez, de destruirlo o, por el contrario, listo para aplicar todo lo bueno que se haya aprendido en las dos fases anteriores.

Segunda variable: la inversión parental

Las decisiones vinculadas a la inversión parental o familiar son, sin lugar a dudas, la segunda categoría de comportamientos que perfilan la capacidad de amar, después del apego afectivo que acabamos de analizar.

La cuantía de la inversión parental no puede ser desproporcionada. Demasiados hijos desbordan las capacidades de los cónyuges para satisfacer las demandas acumulativas de protección. Afortunadamente, el número de hijos ideal viene dado por promedios de la conducta poblacional determinada por el grado de bienestar económico. En los países occidentales esa cifra puede estimarse en dos hijos.

Pero el número de hijos no es el único factor determinante de la inversión parental. Hay otros no menos importantes, como los niveles de compromisos heredados y adquiridos para articular el soporte material y psicológico de la convivencia.

Se trata de cifrar el nivel de prudencia adecuado en la estrategia de compromisos. No dejarse deslumbrar por las demandas apremiantes de una sociedad de consumo, que ha multiplicado por mil sus ofertas de placer y bienestar, a costa de desbancar compromisos heredados o adquiridos con anterioridad.

La capacidad de amar de una persona estresada se resiente tanto a la hora de renunciar a un bien deseado —un curso de inglés en el extranjero para su hija— como a la hora de abandonar, para saciar su sed de compromisos, la consecución de uno anterior.

El lector, al cumplimentar el cuestionario para su propia evaluación de la capacidad de amar, contestará en este apartado a preguntas tales como: «No estoy dispuesta/o a renunciar a mi nivel de vida para construir un hogar mejor», o «Concilio adecuadamente mi vida social, laboral y personal».

Por último, en las componentes de la inversión parental figura la capacidad de negociación para definir —normalmente de manera inconsciente— los márgenes respectivos de libertad personal de cada miembro de la pareja. En esta negociación intervienen, a menudo, decisiones que afectan, también, a la siguiente y tercera variable de la capacidad de amar.

Tercera variable:
sexualidad y resistencia metabólica

Los restantes factores de la fórmula para medir la capacidad de amar tienen que ver con la vida emotiva del individuo, su nivel de resistencia biológica, psicológica o su entereza y, sorprendentemente, su actitud frente a la emoción negativa del desprecio.

Si un miembro de la pareja abriga un mínimo desprecio hacia el otro, el amor no tiene cabida. Muy a menudo, este sentimiento está conectado al autoengaño inconsciente que impide ser evaluado en su justo valor. En la medida en que aflora ese desprecio es imposible que sobreviva cualquier atisbo de amor.

En cuanto a la vida emotiva propiamente dicha, está condicionada por el grado de estabilidad de los flujos hormonales; muy particularmente, con la vasopresina por una parte, y por otra la oxitocina y la dopamina, conectadas con los circuitos cerebrales del placer y la recompensa que, también, modulan el sentimiento amoroso.

El entorno institucional

Queda un factor residual que afecta a todo el conjunto. Las tres variables que determinan la capacidad de amar de una persona: el apego afectivo (a), pasando por la inversión parental (i), terminando por la sexualidad y la resistencia metabólica (x), se ven afectadas, en mayor o menor medida, por el entorno institucional, que aquí denominamos la constante (k).

Existen sociedades que, lejos de facilitar los medios necesarios para un buen funcionamiento del apego afectivo —ausencia total de instrumentos para la competencia social y emocional—, paliar el déficit de mantenimiento social en forma de guarderías infantiles o políticas equivocadas de empleo, y ofrecer pautas para una sexualidad adecuada —atenciones sanitarias, políticas de educación sexual o sistemas judiciales y policiales ineficientes en materia de protección—, constituyen una rémora importante en la consecución de la capacidad de amar.

En otras palabras, en una sociedad mafiosa con un Estado corrupto, las posibilidades de desarrollar la capacidad de amar son menores, al margen de las condiciones personales en materia de apego afectivo, inversión parental y vida sexual. Nuestra ecuación del amor queda, pues, formulada en los siguientes términos:

$$A = (a + i + x)\,k$$

Como cualquier fórmula matemática, su validez es universal y enmarca los distintos factores que pueden incidir en el resultado para cualquier tipo o conjunto de población. Ahora bien, al lector le interesa saber el grado en que le afectan a él los distintos condicionamientos de su propia capacidad de amar individual. Las preguntas y la evaluación que se detallan más adelante están encaminadas a este fin.

Básicamente, este cuestionario piloto proviene de la encuesta mucho más amplia sobre la felicidad citada anteriormente. Aquí se ha partido de un cuestionario de 106 preguntas que evalúan la capacidad de amar. La exploración última de las dos mil quinientas entrevistas de la encuesta, todavía en curso, podría modificar algunos de los planteamientos que siguen. Anticipemos la fuerte correlación resultante entre la capacidad de amar y la felicidad al cruzar los resultados con los estudios de Ed Diener y Sonja Lyubomirsky. Mediante un análisis factorial se han validado y agrupado las preguntas en conceptos. Por medio de un análisis *cluster* se han identificado los individuos en función de sus respuestas, definiendo cuatro tipologías de capacidad de amar. Un análisis discriminante ha permitido reducir el número de preguntas, seleccionando las claves que definen a cada grupo. Por último, un análisis de proximidad final ha arrojado las escalas métricas de la capacidad de amar.

Cuadro 2
¿Cuál es mi capacidad de amar?

Por favor, responda a las siguientes preguntas asignando una puntuación entre 1 y 9 puntos a cada una. El 1 indica que no está «Nada de acuerdo» con la frase, y el 9 que se siente «Completamente de acuerdo» con el contenido de la pregunta.

Grupo A de preguntas
Puntuación (de 1 a 9)

Me gusta hacer nuevos amigos ☐

Si volviera a nacer me gustaría ser tal como soy ☐

Detesto la soledad, necesito compartir mi vida con los demás ☐

En el colegio y/o en el instituto el reconocimiento de mis compañeros era importante para mí ☐

En el colegio y/o el instituto tuve un maestro que realmente se preocupó de mí ☐

Mis compañeros me piden consejo ☐

Lo más importante en mi vida soy yo mismo ☐

Estoy / estuve dispuesto a renunciar a mi nivel de vida para obtener un hogar mejor para mi familia ☐

Me siento muy ligado a mi pareja ☐

Manejo adecuadamente y sin agobios mis obligaciones ☐

Estoy / estuve muy comprometido con la formación y el mantenimiento de un hogar ☐

En este momento de mi vida mi esfuerzo está puesto en la creación de una familia ☐

Estoy en un momento en el que pienso mucho en estar con mi pareja ☐

He organizado mi vida para poder tener tiempo para mí y no sólo para los demás ☐

Me río hasta de mí mismo ☐

Mi pareja me apoya en todo ☐

La mera presencia de mi pareja me excita. ☐

Los obstáculos del camino no me impiden seguir adelante ☐

Intento vivir con humor cualquier situación ☐

TOTAL ☐

Grupo B de preguntas
Puntuación (de 1 a 9)

En el colegio y/o en el instituto mis compañeros me ignoraban ☐

Rechazo totalmente la sociedad que me ha tocado vivir ☐

Los demás no me valoran lo suficiente ☐

Me siento agobiado por las obligaciones económicas ☐

En mi trabajo no me reconocen como me merezco ☐

Creo que en mi familia no me valoran como me merezco ☐

En mi día a día no llego a todo: familia, trabajo, pareja, amigos ☐

Me he complicado demasiado la vida con numerosos compromisos ☐

Me cuesta ponerme en el lugar del otro ☐

Me pueden atraer sexualmente otras personas que no son mi pareja ☐

Ya no considero a mi pareja atractiva sexualmente ☐

Si alguien no me agrada lo ignoro ☐

Hay grupos sociales o colectivos que no soporto ☐

TOTAL ☐

Fuente: Coca-Cola

Para obtener una puntuación y poder evaluar su capacidad de amar sume los resultados de las preguntas del grupo A y réstele la suma asignada a las preguntas del grupo B. El resultado de esta resta dará un número que puede oscilar entre -98 y 158.

Interpretación de los resultados

1. PUNTUACIÓN IGUAL O MAYOR DE 76: significa que, en general, usted es una persona capaz de establecer vínculos afectivos estables y sólidos, a quien no asustan los compromisos, que disfruta relacionándose con los demás, que tiene o es capaz de mantener una relación de pareja madura basada en el respeto, la comprensión, el compromiso y la pasión. Que no se arredra ante las dificultades, que cuando cae se levanta y no mira atrás. Usted sabe que casi todo en la vida tiene un lado bueno, lo cual no significa, necesariamente, que la vida le sonría, pero usted sí sonríe a la vida. Es un individuo con curiosidad intelectual, con sentido del humor y con una autoestima bien establecida, que sabe valorarse y que, posiblemente, es valorado, sin que ello implique estar centrado en uno mismo, al revés, usted es sensible a los problemas o dificultades de los demás. Posiblemente, usted sea la pareja y/o el amigo que todos desearíamos tener.

2. PUNTUACIÓN ENTRE 60 Y 75: posee una buena capacidad de amar, se maneja bien en las relaciones sociales, tiene un buen círculo de amigos, tiene o es capaz de mantener una relación de pareja madura y su relación con sus padres y hermanos es óptima. Es una persona abierta al mundo y bien integrada en la sociedad, razonablemente optimista, y se siente seguro de sí mismo. Puede que en ocasiones se sienta desbordado por los compromisos adquiridos, pero tiene recursos que le permiten recuperar el equilibrio.

3. PUNTUACIÓN ENTRE 46 Y 59: no le resulta fácil establecer lazos estrechos basados en la confianza y el compromiso, tal vez porque su familia no fue un buen lugar en el que aprender esos principios. Se siente más cómodo manteniendo relaciones triviales que profundas. Es posible que evite una relación de pareja estable, por la pérdida de autonomía que implica, ya que valora en extremo su independencia, o bien, si la tiene, se sienta agobiado a

menudo por los compromisos y las obligaciones que conlleva. Puede que no se sienta reconocido como cree que le corresponde, ya sea por la familia, la pareja, los amigos o profesionalmente, pero lo cierto es que es muy posible que no se valore a sí mismo lo suficiente. Por todo lo anterior, alberga cierto sentido negativo de la vida.

4. PUNTUACIÓN DE 45 O MENOR: le cuesta establecer vínculos sólidos con los demás, ya sea porque huye de los compromisos y las obligaciones que ello implica o porque es incapaz de establecer dicho vínculo. Además, no disfruta especialmente con las relaciones sociales, sino que prefiere la soledad. Puede que le marcara alguna experiencia vital negativa, familiar, escolar o de pareja, y ello le dificulte llevar una vida de pareja madura, lo cual no significa que otras personas no hayan pasado por lo mismo, pero sí que para usted es más difícil sobreponerse. Posiblemente sea una persona bastante centrada en sí misma y, por tanto, bastante cerrada a las relaciones y al mundo. En general no es ni muy positivo ni muy seguro. Posiblemente piense que la vida no le ha tratado como se merece y que hay personas que se han beneficiado de una posición que no les corresponde.

A partir de aquí, los lectores tienen pistas más que suficientes para evaluar su propia capacidad de amar en un mundo que empieza, por fin, a descubrir las ventajas evolutivas del viaje al amor.

Una vez completado el formulario, es posible que a algunos lectores les sobren recursos para explorar un campo virgen que abren las nuevas tecnologías: la interacción entre el autor y el lector. De ser así, sugiero que me ayuden a completar mi propia evaluación de la capacidad de amar. O mejor dicho, que respondan a las preguntas en mi lugar, en función de la información sucinta que a continuación expongo sobre mi experiencia personal en las distintas dimensiones de la capacidad de amar.

¿Cuáles habrían sido, probablemente, las respuestas del autor? Y en virtud de estas respuestas asumidas por el lector, ¿mi capacidad de amar es mayor, menor o igual a la suya? Con toda seguridad, se tratará de un ejercicio realizado con mayor imparcialidad y aproximación a la verdad que si lo hubiera hecho yo mismo. Su gran ventaja radica en anticipar lo que, dentro de poco tiempo, será uno de los ejercicios realizados por los alumnos de secundaria en todas las escuelas en el marco de la disciplina de competencia social y emocional.

El enunciado del problema será similar a los apuntes que siguen referidos a mí mismo y, a partir de ellos, los alumnos deberán estructurar las preguntas adecuadas y calcular un resultado.

Los lectores que participen en este ejercicio de interactividad pueden remitir el resultado a **www.elviajealamor.com**

Apuntes sobre las dimensiones de la capacidad de amar del autor

No recuerdo la cuna. No dormía en el mismo lecho que mis padres. Tampoco recuerdo que hubiera ratas u otros animales debajo de la cama por la noche. Lo que yo creía que era mi primer recuerdo, de los dos años, lo he desechado totalmente después de una larga conversación con el neurólogo Oliver Sacks, a la que ya me he referido en otras circunstancias. Él estaba convencido de la conmoción que le causó una bomba alemana caída en el jardín de su vecino, poco antes de terminar la segunda guerra mundial; yo habría jurado que mi madre me arrastraba por la estación de Sants, en Barcelona, salvándome de la humareda y de una multitud, buscando alocadamente la salida al final de la guerra civil. Pero los dos recuerdos los habíamos fabricado nosotros mismos. Cincuenta años más tarde descubrimos que, probablemente, no eran ciertos.

El primer escenario imborrable se grabó en mi memoria a los tres años. Vivíamos en una casa, justo antes de la salida del pueblo de Vilella Baixa, en dirección hacia Falset, en plenas montañas del Priorato. Recuerdo las escaleras interminables por cuya barandilla se agarraba mi hermano pequeño Alberto mientras gritaba «teee-té, teté»; era su manera de anunciar a su hermano mayor que estaba a punto de llegar a la puerta del piso, gateando. Todavía hoy me da vértigo la imagen de aquellas escaleras por las que habríamos podido resbalar hasta caer al infierno. Pero nadie nos vigilaba; nuestra familia estaba encerrada en el piso de arriba.

Del piso sólo recuerdo la cocina y unas buhardillas contiguas, medio cubiertas, donde guardaba mis jaulas de tela metálica con gorriones, jilgueros, perdices, palomas y, en un rellano superior y solitario, una lechuza. En el río, bajando por el terraplén, estaban los peces debajo de las piedras. Si alguna vez tuve una negociación para el establecimiento de vínculos de amor, un refugio seguro de apego, una base de partida desde la que efectuar las primeras excursiones a la escuela y al mundo exterior, fue con ellos; quiero decir, con mis pájaros y pajarracos en aquella buhardilla y aquel rellano.

No recuerdo ningún beso humano en aquellos años tiernos. Yo creo que en aquellos tiempos y páramos no se daban tantos besos como ahora. Era normal que, de vez en cuando, mi padre sacara la correa y dejara impresas en nuestras pantorrillas las huellas de las instrucciones que no entraban en nuestras cabezas. Fue un refugio seguro, pero al aire libre y habitado por personajes fantásticos.

El premio Nobel de literatura Albert Camus no había tenido tanta suerte. Ni su madre ni su abuela le entendieron jamás. Dicen que madre no hay más que una, pero la suerte de Camus fue que en la escuela hubiera varios maestros y que, con uno de ellos, pudiera anticipar allí —en lugar de replicar el refugio maternal que no tuvo— el éxito de su excursión al viaje por el mundo exterior.

Mi caso individual prueba que el vínculo de apego, en lugar de protagonizarlo con caricias los seres queridos, puede asentarse, simplemente, concediendo la libertad suficiente y la protección mínima en un entorno natural y más amplio. Mi hogar, mi refugio seguro fueron el pueblo —podíamos entrar en cualquier casa a pedir merienda— y la naturaleza. El ejemplo de Camus sugiere que una mala base de partida no entraña necesariamente un desastre en la primera excursión.

En mi caso particular, los primeros años de escolarización se desarrollaron en el piso de arriba del calabozo del pueblo de doscientos habitantes, al que conducían, muy de vez en cuando, a un gitano errante. Eran los primeros años después de la guerra civil, orlados por el sufrimiento de maquis y guardias civiles.

Recuerdo el mapa del mundo en la pared y poco más. El cuarto, donde daba clase el maestro Quim, debía de estar medio vacío, porque no conservo la sensación de haber estado acompañado por nadie. A mis amigos Jordi, Mariano y Carlos los sitúo en el campo con las cabras o atrapando «perdiganas». Con el maestro Quim el tiempo pasaba sin darte cuenta, pero no debieron de interesarle las digresiones en torno a los sentimientos o las emociones. Lo que importaba era contemplar el mundo exterior —perfectamente congruente con la vocación de transformarlo que infundía, años más tarde, a fines de los cincuenta, el partido comunista a su escasa militancia—; lo de menos era meditar sobre lo que ocurría dentro de uno mismo.

En el internado de la escuela de los hermanos de La Salle de Tarragona nadie me dijo nada sobre el amor —salvo mis padres, que cada semana traían media docena de huevos crudos para que los cuatro hermanos tomáramos uno por la mañana—. En el tiempo libre, se podía elegir entre clases de música o de escribir a máquina. No lo dudé ni un instante y elegí la última. En el internado se trataba de aprender las cosas prácticas que te ayudarían a sobrevivir. Y así fue.

Aprendí a convivir con alguno de mis semejantes, muy pocos; una nave grande con un centenar de camas una al lado de la otra no era, paradójicamente, el mejor sitio para entablar amistades, sobre todo porque cualquier diálogo o efusión habrían sido interrumpidos por la oración de la noche y los gritos de «¡Ave María Purísima, sin pecado concebida!» con que se nos despertaba por la mañana. Aprendí a escribir. Era muy bueno en redacción, decían los hermanos Luis y otro apodado *Ceba* ('cebolla' en catalán); lo sabía todo, era muy inteligente. ¿De dónde le vendría el apodo? Probablemente por su carácter amargo y taciturno.

En aquellos años prácticamente no había solución de continuidad entre la enseñanza secundaria y la búsqueda del amor del resto del mundo. La vida que acababa de conocer era la única vida que parecía existir.

En cuanto a la etapa de la inversión parental, consistía sólo en dos compromisos: no defraudar las esperanzas y el esfuerzo que habían prodigado los padres y un sentimiento de lealtad imborrable hacia la nueva familia surgida al azar. En las circunstancias difíciles del momento histórico, los dos compromisos se confundían en el trabajo, del que dependía todo, asumiendo un valor absorbente y hasta estrafalario. Del sexo sabíamos lo mismo que dictaban los genes a la mosca del vinagre y, todo el resto —con la excepción singular de la literatura—, como el amor romántico, la comida, la bebida, la música, el arte y la ciencia, no llegaría hasta mucho más tarde. Los compromisos nuevos que pueden competir con los compromisos heredados, y aun desbancarlos, pertenecen a la historia muy reciente de España. Igual que el viaje a la felicidad y el viaje al amor.

Agradecimientos

En las sugerencias bibliográficas figuran algunos científicos y amigos que, desde la lejanía, no dudaron en apoyar mi búsqueda de las razones evolutivas y biológicas del amor. Quiero citar, muy especialmente, a Antonio Damasio, premio Príncipe de Asturias y director del Brain and Creativity Institute de la University of Southern California; al psiquiatra Elkhonon Goldberg, catedrático de neurología de la Universidad de Nueva York; y a Daniel Goldberg, de la Universidad de Harvard. Este libro ha sido pensado y escrito con la intención de contribuir desde los postulados de la ciencia a correr parte del velo que ha cubierto hasta ahora la vida sentimental de la gente.

En Atlanta, Estados Unidos, me ayudó sobremanera la investigación de Javier Sánchez Lamelas, responsable global de marcas en la multinacional Coca-Cola, así como Jesús Gallardo, director de Planificación e Investigación de Mercados para la empresa Coca-Cola en España, en el esclarecimiento de los vínculos del amor con la búsqueda de la felicidad en el marco de la teoría y la práctica del márketing.

En un espacio más cercano e íntimo, este libro habría sido distinto —tan diferente como una cueva primitiva y un rascacielos de la Quinta Avenida— sin el cuestionamiento constante, la dedicación y la inteligencia de mi hija, la escritora y editora Elsa Punset.

En el comienzo primordial, antes de que nada cuajara, estaban de nuevo los bioquímicos e investigadores Gustavo Bodelón y Celina Costas, que allanaron el camino abriendo las vías acertadas para la documentación básica sobre el amor. El camino recorrido por la ciencia en este campo es más corto y disperso que en el caso de emociones positivas como la felicidad. Por ello su esfuerzo y clarividencia tuvieron que ser mayores.

Al final del trayecto estaba, como en otras ocasiones, Mercè Piqueras, miembro del grupo de ecogenética microbiana que dirige el profesor Ricardo Guerrero, del departamento de microbiología de la Universidad de Barcelona, que no sólo se hizo cargo de la revisión fiel de todo el texto y de cuestionar determinados contenidos, sino de mi cuestionamiento de sus propios cuestionamientos.

En el mundo editorial, Destino, del Grupo Planeta, Jesús Badenes y Emili Rosales apostaron por la convicción revolucionaria de que el ensayo científico puede invadir públicos no menos amplios que los reservados hasta hace bien poco a los libros de ficción y conectar, sobre todo, con el corazón de los jóvenes. En este ámbito quiero agradecer, por último pero muy especialmente, a mi editor Gonzalo Pontón Gijón los desvelos y la sabiduría que ha derrochado con mi obra. Gonzalo ha superado, incluso, la reconocida profesionalidad de los editores de Estados Unidos, como acabo de descubrir con el lanzamiento allí de la versión americana de mi libro anterior sobre la felicidad, *The Happiness Trip. A Scientific Journey* (Chelsea Green Publishing).

Por último, no quiero pasar por alto la ayuda eficiente y cariñosa de Míriam Peláez, bióloga de Smart Planet, del productor de TVE Fernando González Tejedor y de Palmira Feixas, de Destino, en la identificación y el procesamiento de las ilustraciones del libro.

Sugerencias bibliográficas

Capítulo 1

BLACKMORE, SUSAN, *La máquina de los memes*, Paidós, 2000.

DENNET, DANIEL, *Consciousness explained*, Back Bay Books, 1992.
—, *Darwin's dangerous idea: evolution and the meanings of life*, Simon & Schuster, 1996.

DRAAISMA, DOWE, *Las metáforas de la memoria. Una historia de la mente*, Alianza Editorial, Madrid, 1998.
—, *¿Por qué el tiempo vuela cuando nos hacemos mayores? Como la memoria rediseña nuestro pasado*, Alianza, 2006.

GERHARDT, SUE, *Why love matters: How affection shapes a baby's brain*, Brunner Routledge, 2004.

GOULD, STEPHEN JAY, *Obra esencial*, Crítica, 2003.
—, *La estructura de la teoría de la evolución. El gran debate de las ciencias de la vida*, Tusquets, 2004.

FOSTER, RUSSELL G.; KREITZMAN, LEON, *Rhythms of life. The biological clocks that control the daily lives of every living thing*, Profile Books, 2005.

JAMES, WILLIAM, *Pragmatismo: un nuevo nombre para viejas formas de pensar*, Alianza, 2000.

PUNSET, EDUARDO, *Adaptarse a la marea*, Espasa Calpe, 2004.

Capítulo 2

ALBERTS, BRUCE, *Biología molecular de la célula*, Omega, 2004.

ARSUAGA, JUAN LUIS; MARTÍNEZ, IGNACIO, *La especie elegida*, Temas de Hoy, 2007.

GILBERT, DANIEL, *Tropezar con la felicidad*, Destino, 2006.

LANE, NICK, *Power, sex, suicide. Writing through the catastrophe*, Manchester University Press, 2005.

MARGULIS, LYNN, *Planeta simbiótico: un nuevo punto de vista sobre la evolución*, Debate, 2002.

PUNSET, EDUARDO, *El viaje a la felicidad*, Destino, 2006.

ROJAS MARCOS, LUIS, *La autoestima*, Espasa Calpe, 2007.

Capítulo 3

BARON-COHEN, SIMON, *La gran diferencia: ¿Cómo son realmente los cerebros de hombres y mujeres?*, Amat, 2005.

BRIZENDINE, LOUANN, *El cerebro femenino*, RBA, 2007.

GONZÁLEZ-CRUSSI, FRANK, *On being born and other difficulties*, Overlook Press, 2005.

KANDEL, ERIC R., *En busca de la memoria*, Katz, 2007.

MAJERUS, MICHAEL, *Los Angeles*, Verlag den Buchandlun, 2004.

MORRIS, DESMOND, *El mono desnudo*, Plaza & Janés, 2004.

RIDLEY, MATT, *The red queen. Sex and the evolution of human nature*, Penguin Books, 1993.

TOBIAS, PHILIP ET AL., *Humanity from naissance to coming millennia*, Wits University Press, 1999.

WEINER, JONATHAN, *Tiempo, amor, memoria. En búsqueda de los orígenes del comportamiento*, Galaxia Gutenberg, 2001.

ZEKI, SEMIR, *Visión interior. Una investigación sobre el arte y el cerebro*, Antonio Machado Libros, 2005.

ZIMMER, CARL, *Parasite Rex. Inside the bizarre world of nature's most dangerous animals*, Arrow Publishers, 1999.
—, *Evolution. The triumph of an idea*, Arrow Publishers, 2003.

Capítulo 4

ALEXANDER, RICHARD, *Darwinismo y asuntos humanos*, Salvat, 1994.

DAMASIO, ANTONIO, *El error de Descartes*, Crítica, 2001.
—, *En busca de Spinoza*, Crítica, 2005.

DARWIN, CHARLES, *La expresión de las emociones en los animales y en el hombre*, Alianza, 1998.

HUMPHREY, NICHOLAS, *Una historia de la mente*, Gedisa, 1995.
—, *How to solve the mind-body problem*, Imprint Academic, 2000.
—, *La mirada interior*, Alianza, 2001.
—, *The mind made flesh: essays from the frontiers of evolution and psychology*, Oxford University Press, 2002.

MARINA, JOSÉ ANTONIO, *El laberinto sentimental*, Anagrama, 1996.

MAYNARD SMITH, JOHN; SZATHMÁRY, EÖRS, *From the origins of life to the origin of language*, Oxford University Press, 2000.

MILLER, GEOFFREY, *The mating mind. How sexual choice shaped the evolution of human nature*, Anchor Books, 2001.

PASCUAL-LEONE, ÁLVARO; WALSH, VINCENT, *Transcranial magnetic stimulation. A neurochronometrics of mind*, Bradford Books, 2005.

Capítulo 5

BOTTON, ALAIN DE, *Del amor*, Ediciones B, 1998.

BRANKATSCHK, M.; DICKSON, B. J., «Netrins guide *Drosophila* commissural axons at short range», *Nature Neuroscience*, febrero de 2006.

FINEBERG, NAOMI; MARAZITTI, DONATELLA; STEIN, DAN, *Obsessive compulsive disorders. Management and treatment*, Taylor & Francis Ltd., 2001.

FISHER, HELEN, *¿Por qué amamos?*, Taurus, 2005.

GOETHE, JOHANN WOLFGANG, *Las desventuras del joven Werther*, Cátedra, 2001.

GOLDBERG, ELKHONON, *La paradoja de la sabiduría. Cómo la mente puede mejorar con la edad*, Crítica, 2006.

GREGORY, RICHARD, *Even odder perceptions*, Routledge, 1993.
—, *Mirrors in mind*, W. H. Freeman / Spektrum, 1995.
—, *The mind makers*, Weidenfeld & Nicolson, 1998.
—, *Illusion: making sense of the senses*, Oxford University Press, 2002.

KRAMER, PETER, *Escuchando al Prozac*, Seix Barral, 1994.

—, *Conflictos de pareja: recomendaciones de un famoso especialista para resolver momentos de crisis*, Gedisa, 1999.

—, *Contra la depresión*, Seix Barral, 2006.

—, *¿Nos separamos? Consejos de un gran especialista para afrontar los conflictos de pareja*, Gedisa, 2006.

ROMO, RANULFO (ed.); RUDOMIN, PABLO (ed.); MENDELL, LORNE (ed.), *Presynaptic inhibition and neural control*, Oxford University Press, 1997.

WILSON, EDWARD O., *Consiliencia: la unidad del conocimiento*, Galaxia Gutenberg-Círculo de Lectores, 1999.

—, *El futuro de la vida*, Galaxia Gutenberg-Círculo de Lectores, 2002.

Capítulo 6

ALCOCK, JOHN; THORNHILL, RANDY, *The evolution of insect mating systems*, Iuniverse, 2000.

GANGESTAD, STEVEN W. (ed.); SIMPSON, JEFFREY A., *Fundamental questions and controversies*, The Guilford Press, 2007.

RHODES, GILLIAN; ZEBROWITZ, LESLIE A., *Facial attractiveness. Evolutionary, cognitive and social perspectives*, Ablex Publishing, 2001.

SHEPHERD, GORDON M., *The synaptic organization of the brain*, Oxford University Press, 2003.

TRIVERS, ROBERT L., *Natural selection and social theory: selected papers of Robert L. Trivers*, Oxford University Press, 2002.

WEYL, HERMANN, *Symmetry*, Princeton University Press, 1983.

Capítulo 7

FADERMAN, LILLIAN, *Surpassing the love of men. Romantic friendship and love between women from the Renaissance to the present*, Harper, 1998.

GANIS, GIORGIO; KOSSLY, STEPHEN M.; THOMPSON, WILLIAM L., *The case for mental imagery*, Oxford University Press, 2006.

GOLEMAN, DANIEL, *Inteligencia emocional*, Kairós, 2000.
—, *Inteligencia social*, Kairós, 2007.

HOBSON, J. ALLAN, *13 dreams Freud never had. The new mind science*, Pi Press, 2004.

MITHEN, STEVEN, *The singing Neanderthals. The origins of music, language, mind and body*, Weidenfeld & Nicolson, 2005.

RIZZOLATI, GIACOMO; SINIGAGLIA, CORRADO, *Las neuronas espejo. Los mecanismos de la empatía emocional*, Paidós, 2006.

TURKLE, SHERRY (ed.), *Evocative objects. Things we think with*, The MIT Press, 2007.

Capítulo 8

CUSK, RACHEL, *A life's work. On becoming mother*, Picador, 2003.

DUNBAR, ROBIN, *Grooming, gossip and the evolution of language*, Harvard University Press, 1998.

KNIGHT, CHRIS, *Blood relations. Menstruation and the origins of culture*, Yale University Press, 1995.

LEDOUX, JOSEPH, *El cerebro emocional*, Ariel, 1999.

OFFER, AVNER (ed.), *In pursuit of the quality of life*, Oxford University Press, 1997.

PANKSEPP, JAAK, *Affective neuroscience. The foundations of human and animal emotions*, Oxford University Press, 2004.

PINKER, STEVEN, *La tabla rasa: la negación moderna de la naturaleza humana*, Paidós, 2003.
—, *Cómo funciona la mente*, Destino, 2007.

RADCLIFFE RICHARDS, JANET, *The sceptical feminist*, Penguin Books, 1994.

SUNDERLAND, MARGOT, *The science of parenting*, DK Adult, 2006.

TALEB, NASSIM NICHOLAS, *Fooled by randomness. The hidden role of chance in life and in the markets*, Thomson Texere, 2004.

Capítulo 9

BOWLBY, JOHN, *A secure base: parent-children attachment and healthy human development*, Basic Books, 1990.
—, *Attachment and loss*, Pimlico, 1997.
—, *Separation: anxiety and anger*, Basics Books, 2000.

MERRY, JUDI (ed.); JENKINS, CLARE (ed.), *Relative grief. Parents and children, sisters and brothers, husbands, wives and partners, grandparents and grandchildren talk about their experience of death and grief*, Jessica Kingsley Publishers, 2005.

GEDDES, HEATHER, *Attachment in the classroom. The links between children's early experiences, emotional well-being and performance in school*, Worth Publishing, 2005.
KÜBLER-ROSS, ELISABETH; KESSLER, DAVID, *Sobre el duelo y el dolor*, Luciérnaga, Barcelona, 2006.

LEIBLUM, SANDRA R., *Principles and practice of sex therapy*, The Guildford Press, 2006.

O'NEILL, CATHERINE; KEANE, LISA, *Love and grief. The dilemma of facing love after death*, Jessica Kingsley Publishers, 2005.

SCHORE, ALLAN N., *Affect Dysregulation and disorders of the self*, W. W. Norton & Company, 2003.

TRIVERS, ROBERT, *Natural selection and social theory. Selected papers of Robert Trivers*, Oxford University Press, 2002.

Créditos de las ilustraciones

Índice